AF371295

Ferdinando Scianna

Il Ghetto di Venezia 500 anni dopo | The Venice Ghetto 500 Years After

Tre Oci Marsilio

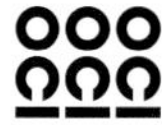

Tre Oci

un progetto di
a project by

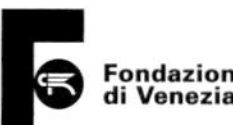

Fondazione
di Venezia

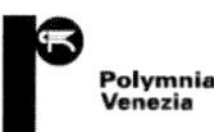

Polymnia
Venezia

con
with

CIVITA Civita Tre Venezie

in collaborazione con
with the collaboration of

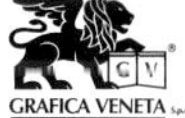

GRAFICA VENETA S.p.A.

Ferdinando Scianna
Il Ghetto di Venezia
500 anni dopo
The Venice Ghetto
500 Years After

26.08.2016 - 08.01.2017

lavoro fotografico realizzato
su idea e incarico di
*photographic reportage conceived
and commissioned by the*
Fondazione di Venezia

coordinamento
coordination
Fabio Achilli
Alessandra Gini

mostra ideata e promossa da
*exhibition conceived
and promoted by*
Fondazione di Venezia
Civita Tre Venezie

a cura di
curated by
Denis Curti

in collaborazione con
with the collaboration of

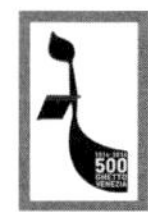

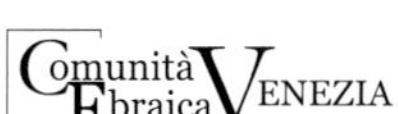

Comunità Ebraica VENEZIA

produzione e organizzazione
production and organization
Civita Tre Venezie
Sivia Carrer
Valentina Maria Bertin
Francesca Gennari
Irene Lombardo
Chiara Pessina
Stefania Stara
Daniele Visotto

progetto di allestimento
display design
APML Architetti

ufficio stampa
press office
CLP Relazioni Pubbliche
con
with
Giovanna Ambrosano

progetto grafico
graphic design
Camuffo Lab
Marco Camuffo

trasporti e allestimenti
transport and installation
Apice

assicurazioni
insurance
Willis Tower Watson

illuminotecnica
light design
Foro

realizzazione grafica
graphic production
Puntofotolito

Ringraziamenti
Acknowledgments
Michael Calimani
Barbara Del Mercato
Paolo Gnignati
Živa Kraus
Paolo Navarro Dina

La storia dovrebbe essere maestra di vita e insegnare a non ripetere gli stessi errori. Non sempre è così. Come ricorda la direttrice della Fondazione Musei Civici di Venezia, Gabriella Belli, nell'interessante introduzione alla presentazione della mostra Venezia, gli Ebrei e l'Europa 1516-2016 a Palazzo Ducale, «i muri, gli steccati non smettono di essere costruiti».

Il racconto, la ricerca fotografica che la Fondazione di Venezia ha commissionato al maestro Ferdinando Scianna, in occasione dei cinquecento anni del Ghetto di Venezia, ha tra i principali obiettivi quello di evidenziare e testimoniare la totale integrazione, fusione del "quartiere" nella vita cittadina. Un luogo dove la vita di ogni giorno, le attività economiche, i giochi dei bambini in campo e la vita religiosa respirano il "peso" della storia. Un contesto connotato in modo rilevante da letteratura, teatro e iconografia.

La Fondazione di Venezia ha dedicato grande interesse a ciò che avvenne nel Ghetto di Venezia istituito cinquecento anni fa e ritiene che debba essere oggetto continuo di approfondimento anche l'analisi del suo presente, attraverso lo sguardo del fotografo che fornisca una lettura originale della dimensione contemporanea del Ghetto.

La Comunità Ebraica di Venezia, infatti, è ancor oggi uno dei capisaldi della internazionalizzazione della città e contribuisce con continuità al suo ruolo di baricentro culturale, crocevia delle conoscenze tra nord-sud ed est-ovest.

L'anniversario dei cinquecento anni dall'istituzione del Ghetto veneziano ci consente di ricordare un passato tragico, quando si scelse di preferire la paura, di confinare il "diverso" invece che cercare di conoscerlo e comprenderne i valori e la grandezza delle sue diversità.

Alla luce di questo emerge una delle principali finalità di questa mostra e del catalogo: sottolineare il valore e la necessità di inviare segnali di continua apertura, di sempre più naturale e civile convivenza in ogni luogo e contesto sociale.

The past ought to be a great teacher, one from which we learn not to repeat the same mistakes. This is not always the case. As the director of the Fondazione Musei Civici di Venezia, Gabriella Belli, points out in her interesting introduction to the presentation of the exhibition Venice, the Jews and Europe 1516-2016 at the Doge's Palace, "the walls, the fences are still being built."

Among the principal aims of the reportage, the photographic research that the Fondazione di Venezia has commissioned from Ferdinando Scianna on the occasion of the five hundredth anniversary of the Venice Ghetto, is to bear witness to the total integration of the "quarter," to the way it blends in with the life of the city. A place where everyday existence, economic activities, children playing in the campo and religious practices all feel the "weight" of history. A setting whose connotations are strongly influenced by literature, theatre and iconography.

The Fondazione di Venezia has shown great interest in what happened in the Venice Ghetto, set up five hundred years ago, and believes that the analysis of its present should also be the focus of continual study, something that is done here through the eyes of the photographer, who offers an original interpretation of the contemporary dimension of the Ghetto. Today, in fact, the Jewish community of Venice is still one of the cornerstones of the city's internationalization and regularly contributes to its role as a cultural center of gravity, a crossroads in the exchange of knowledge and understanding between north and south and between east and west.

The anniversary of the establishment of Venice's Ghetto gives us an opportunity to recall a tragic past, a time when fear was allowed to take hold, when it was decided to confine the "different" instead of seeking to understand it and grasp the values and the greatness of its diversity.

This throws light on one of the main aims of the exhibition and its catalogue: to stress the value and necessity of sending

Siamo grati a Ferdinando Scianna, fotografo di fama internazionale, sensibile e delicato nel contatto con le persone, per aver interpretato con maestria questa realtà. È un nuovo percorso quello che la Fondazione di Venezia, in collaborazione con Civita Tre Venezie, ha intrapreso con questo progetto: la scommessa di un committente d'arte che crede nella fotografia come espressione del nostro tempo e confida nella creatività e innovazione dell'opera di un grande fotografo.
La mostra, ricca di fascino e suggestioni, organizzata dalla Casa dei Tre Oci, ne è la testimonianza.
Leggere il presente ed evocare il passato attraverso la fotografia è la strada su cui la Casa dei Tre Oci continua il suo percorso di crescita e accreditamento confermandosi un punto di riferimento per la fotografia a Venezia.
Il mio personale ringraziamento va, oltre che al maestro Scianna, a tutti coloro che hanno reso possibile questo appuntamento con la storia, la cultura e l'arte fotografica: l'intera Comunità Ebraica di Venezia, il suo presidente Paolo Gnignati e il rabbino capo, Rav Scialom Bahbout.
Una menzione particolare è dovuta a tutte le persone che compaiono nelle opere in mostra, alla loro cortesia e disponibilità, al loro sorriso: grazie di cuore.

Giampietro Brunello
Presidente della Fondazione di Venezia

signals of continual openness, of an ever more natural and civil coexistence in every place and social context.
We are grateful to Ferdinando Scianna, a photographer of international repute who is known for the sensitivity and delicacy he shows in his contact with people, for having interpreted this reality in masterly fashion. It is a new course the one on which the Fondazione di Venezia, in collaboration with Civita Tre Venezie, has embarked with this project: a wager made by a patron of the arts that believes in photography as an expression of our time and that has confidence in the creativity and innovation of the work of a great practitioner of the medium.
The fascinating and stimulating exhibition, organized by the Casa dei Tre Oci, has proved that it was a worthy one.
Reading the present and evoking the past through photography is the road that the Casa dei Tre Oci has chosen to follow in the process of its development and the building of its reputation, confirming its role as a point of reference for photography in Venice.
I would like to express my personal gratitude not only to Ferdinando Scianna, but also to all those who have made possible this appointment with history, culture and the photographic art: the entire Jewish community of Venice, its president Paolo Gnignati and its chief rabbi, Rav Shalom Bahbout.
A particular mention is due to all the people who appear in the pictures on display, for their courtesy and helpfulness, for their smiles: my heartfelt thanks.

Giampietro Brunello
President of the Fondazione di Venezia

La ricorrenza dei cinquecento anni dalla istituzione del Ghetto di Venezia come luogo di dimora coatta degli ebrei,
il 29 marzo 1516, non è certo lieta, ma, tanto in una prospettiva ebraica che civile, non si poteva lasciar passare
inosservata, perché offre uno straordinario momento di riflessione che guarda tanto al passato che al futuro.
Proprio per questo, tante volte, quest'anno, abbiamo parlato di guardare al passato, guardare al futuro, e ora
non possiamo che essere grati alla Fondazione di Venezia per avere invitato Ferdinando Scianna a posare sul Ghetto
di oggi il suo sguardo di grande fotografo, rendendoci partecipi delle sue scoperte.
Una foto è quasi per antonomasia un frammento di presente, ma quanto passato in queste pietre, in queste architetture
così riconoscibili, in questi luoghi che sono progressivamente divenuti parte integrante dell'identità degli ebrei veneziani
e perciò stesso sono a essi così cari. Ferdinando Scianna ci mostra il Ghetto come luogo che è al tempo stesso somma di
particolari sedimentati nel tempo e di uno spirito del luogo generale e impalpabile, rifratto nelle innumerevoli memorie
ed esperienze dei singoli, siano essi gli abituali frequentatori o turisti distratti.
Lo splendido patrimonio monumentale costituito dalle cinque sinagoghe del Ghetto, di cui la Comunità è custode,
è la prova più immediata di quanto la tradizione ebraica e quella veneziana abbiano dialogato per realizzare un risultato
davvero unico; ma è importante sottolineare, come si vede in alcune di queste bellissime immagini, che si tratta
di un patrimonio artistico vivente, di una tradizione conservata da una Comunità il cui scopo primario è quello di
assicurare il mantenimento della connotazione del Ghetto di Venezia come luogo di vita ebraica dell'oggi e del futuro.
Nelle immagini di Scianna traspare un perdurante elemento chiave che ha da subito caratterizzato il Ghetto: la presenza
e la fusione di provenienze e storie diverse che si coglie, da un lato, nella diversità di tradizioni e influssi culturali leggibili
nelle sinagoghe e negli oggetti di culto custoditi al Museo e, dall'altro, nella odierna contemporanea presenza in Ghetto,

The 500th anniversary of the institution of the Venice Ghetto as a compulsory place of residence for Jews, on March 29,
1516, is certainly not an occasion for celebration, but, from both a Jewish and a civil perspective, it is not something that
could be allowed to pass unnoticed, for it presents an extraordinary opportunity for reflection: a reflection that concerns
both the past and the future. This is why we have spoken many times this year of looking at the past, of looking to the
future, and now we cannot be anything but grateful to the Fondazione di Venezia for having invited Ferdinando Scianna
to turn his gaze as a great photographer on the Ghetto of today, sharing with us what he has discovered there.
A photo is almost by definition a fragment of the present, but how much past there is in these stones, in these so
distinctive buildings, in these places that have gradually become an integral part of the identity of Venetian Jews
and for this very reason are so dear to them. Ferdinando Scianna shows us the Ghetto as a place that is both the sum
of details laid down over time and the product of a general and impalpable spirit, reflected in the innumerable memories
and experiences of individuals, be they habitual visitors or distracted tourists.
The splendid monumental heritage constituted by the Ghetto's five synagogues, of which the Community is the custodian,
is the most direct demonstration of the extent to which the Jewish and Venetian traditions have interacted to create
something truly unique; but it is important to stress, as is evident from some of these beautiful images, that it is
a living artistic heritage, the product of a tradition maintained by a Community whose primary purpose is to ensure
the preservation of the character of the Venice Ghetto as a place of Jewish life today and in the future.
In Scianna's pictures we find an enduring element that has been a key feature of the Ghetto from the outset: the presence
and fusion of different ancestries and stories that can be seen, on the one hand, in the diversity of traditions and cultural
influences visible in the synagogues and the liturgical objects housed in the museum and, on the other, in what is now

accanto agli ebrei veneziani, che lo vivono o lo frequentano, di gruppi ebraici di nuovo insediamento e di visitatori ebrei delle più diverse provenienze. Si tratta di visitatori che vengono a trarre alimento spirituale da quel Ghetto noto in tutto il mondo ebraico per aver ospitato gli ebrei che per primi hanno fatto stampare il Talmud e che, a dispetto della odiosa segregazione e delle gravi privazioni subite, hanno saputo indomitamente mantenere la propria identità culturale e religiosa nonché rendere Venezia un importantissimo centro di vita e di studio ebraici, di irradiazione verso tutta Europa della Tradizione ebraica.

Oggi più che mai dobbiamo ricordare che si tratta di una tradizione fondata sui valori quali il rispetto supremo della vita, dell'autolimitazione, della solidarietà verso il più debole. Valori progressivamente emersi da più fonti, ebraiche e non ebraiche, per venire a costituire quell'orizzonte che oggi possiamo dire essere alla base del nostro vivere comune e della nostra identità di italiani ed europei.

Valorizzare concretamente il Ghetto, un tempo simbolo drammatico e reale di esclusione e di segregazione, come luogo anche attuale e futuro di vita ebraica, come crocevia culturale, come luogo di studio, di testimonianza civile, di diffusione dei principi di solidarietà, accoglienza e tolleranza, di incontro tra ebrei e non ebrei, è lo scopo che sta alla base delle manifestazioni del cinquecentenario. L'interpretazione del Ghetto come realtà viva e complessa offertaci da queste immagini certamente arricchisce la prospettiva di fondo in cui il Comitato e la Comunità ebraica si sono mosse.

Paolo Gnignati
Presidente della Comunità ebraica di Venezia
e del Comitato "I 500 anni del Ghetto di Venezia"

an everyday sight in the Ghetto, alongside the Jews of Venice who live there or come there often, newly installed groups of Jews and Jewish visitors of the most diverse origins. These are visitors who come to draw spiritual nourishment from a ghetto known throughout the Jewish world for having been the place where the Talmud was first printed and the home to people who, despite the odious segregation and grave hardships to which they were subjected, were able to indomitably maintain their own cultural and religious identity as well as make Venice an extremely important center of Jewish life and study, a place from which the Jewish tradition was able to spread all over Europe.

Today more than ever we have to remember that it is a tradition founded on values such as a supreme respect for life, self-restraint and solidarity with the weakest. Values that have progressively emerged from a variety of sources, Jewish and non-Jewish, to form the principles that today we can say lie at the base of our common way of life and our identity as Italians and Europeans.

To concretely promote the Ghetto, once a dramatic and real symbol of exclusion and of segregations, as the present and future setting of Jewish life, as a cultural crossroads, as a place of study, as an example of civilization, of the spread of the principles of solidarity, hospitality and tolerance, of meeting between Jews and non-Jews, this is the purpose behind the events staged to mark the fifth centenary. The vision of the Ghetto as a living and complex reality offered us by these pictures can certainly only add to the underlying motivations for the actions of the committee and the Jewish Community.

Paolo Gnignati
President of the Jewish Community of Venice and
chairman of the committee "I 500 anni del Ghetto di Venezia"

Denis Curti

Ferdinando Scianna
Il Ghetto di Venezia 500 anni dopo
Ferdinando Scianna
The Venice Ghetto 500 Years After

Una premessa necessaria

Il progetto di fotografare questo luogo magico e antico, ma anche doloroso, è nato diversi mesi fa, proprio negli uffici della Fondazione di Venezia. Sin da allora è stata forte la consapevolezza che una ricerca visiva e fotografica sul vissuto di questo quartiere della città si sarebbe inserita perfettamente in un programma culturale più ampio, capace di racchiudere e suggerire riflessioni storiche e artistiche. L'anniversario dei cinquecento anni della nascita del Ghetto di Venezia ha rappresentato l'occasione concreta per tentare di far dialogare il passato con il presente, la storia con l'esperienza contemporanea di questi luoghi.

In questa prospettiva l'idea di finanziare una produzione fotografica ha avuto un *iter* complesso, nell'ottica di una committenza "illuminata" e fortemente sensibile al ruolo della fotografia all'interno del panorama internazionale. La scelta del profilo d'autore più idoneo ha corrisposto all'esigenza di rafforzare il legame tra la Fondazione di Venezia (che conserva presso gli spazi dei Tre Oci una splendida e ricca collezione di fotografia italiana) e la tradizione fotografica e culturale del nostro Paese. Questa ricerca deriva infatti dal profondo desiderio di "raccogliere" le memorie del presente, in un momento in cui la stampa italiana sembra sottrarsi a questo

A Necessary Preamble

The project of photographing this ancient and magical, but also sorrowful place, was born several months ago, right here in the offices of the Fondazione di Venezia. Since then it has become increasingly clear that a piece of visual and photographic research into the life of this part of the city would fit perfectly into a broader cultural program, one capable of suggesting and embracing historical and artistic reflections. The 500th anniversary of the founding of the Venice Ghetto has provided a concrete opportunity to attempt to hold a dialogue between the past and the present, between history and the contemporary experience of these places.

From this perspective the idea of funding a photographic campaign had to go through a complex procedure, in order to make sure it would be an "enlightened" commission and one that showed a great deal of sensitivity to the role of photography on the international stage. The choice of an author with the most suitable profile has corresponded to the need to strengthen the tie between the Fondazione di Venezia (which boasts a rich and splendid collection of Italian photography in the spaces of the Tre Oci) and the photographic and cultural tradition of our country. This research derives in fact from a deep desire to "gather" the memories of the

ruolo. Il giornalismo del secondo dopoguerra è stato in tal senso un punto di riferimento ideale della direzione artistica, e in particolare l'esperienza del settimanale «Il Mondo» (pubblicato a Roma tra il 1949 e il 1966), che riuscì a distinguersi per una linea di impegno civile ferrea e costante, per l'utilizzo consapevole della fotografia come strumento narrativo e per la totale indipendenza rispetto al potere politico ed economico.

L'obiettivo del nostro percorso è, dunque, di evidenziare come la fotografia intrecci un rapporto imprescindibile con la lettura dei luoghi, dei tessuti sociali e dei contesti urbani e culturali. Parallelamente all'avanzare del progetto è cresciuto pertanto l'interesse a ristabilire quel rapporto di fiducia e complicità tra fotografo e committente, che ha caratterizzato le redazioni ben prima che un'editoria limitata dalla crisi della carta stampata prendesse il sopravvento. Per questi motivi, alla luce di un'autentica condivisione d'intenti, la scelta è ricaduta all'unanimità su Ferdinando Scianna, celebre fotografo italiano, considerato tra i protagonisti della fiorente stagione del fotogiornalismo internazionale.

present, at a moment in which the Italian press seems to be shirking this role. The journalism of the postwar period has in this sense been an ideal point of reference for the artistic direction, and in particular the experience of the weekly *Il Mondo* (published in Rome in the years 1949-66), which distinguished itself by a constant and unbending line of civil engagement, by the conscious use of photography as a narrative means and by a total independence of political and economic power.

The aim of our approach is, therefore, to show how photography establishes an inescapable relationship with the interpretation of places, social fabrics and urban and cultural contexts.

Thus as the project has progressed a growing interest has emerged in forging that tie of trust and complicity between photographer and client which characterized publishing long before an industry limited by the crisis in print journalism gained the upper hand. For these reasons, and in the light of an authentic identity of intent, the choice fell unanimously on the celebrated Italian photographer Ferdinando Scianna, considered one of the leading figures of a flourishing period in international photojournalism.

Per una lettura critica delle immagini

«Che ho perso la testa per questo tuo *Visti & Scritti* ormai lo sai. Sai anche che intendevo trarne una sorta di racconto intrecciando momenti di vita miei con le immagini di amici, di persone conosciute, o solo incontrate, che vi appaiono». È così che Luisa Adorno, affascinandomi in maniera straziante, inizia il suo libro *Qualcosa anch'io,* nel quale scrive due lettere: una a Ferdinando Scianna, l'altra a Gaetano Scandurra. Mi è capitato di leggere questo testo, prezioso, intimo, acuto e affettuoso, proprio nel periodo in cui è iniziata la produzione fotografica. Ed è con le parole di Luisa Adorno in testa che ho affiancato, in alcuni momenti, l'amico Ferdinando, guidato dall'instancabile e generosa Živa Kraus tra le calli e i campi del Ghetto.

Ricordo con piacere i primi incontri con Scianna, le sue titubanze e le sue incertezze nei confronti di un tema complesso, dove il confronto avviene necessariamente con la storia e con i sentimenti che ancora albergano in quei luoghi. Per quanto mi riguarda, decidere di lavorare con Scianna è stato quasi un automatismo. Insieme, avevamo appena festeggiato i cinquant'anni del suo libro forse più importante *Feste religiose in Sicilia*, con uno speciale sul mensile «Il Fotografo», che ho l'onore di dirigere. Una lunga intervista ripercorreva gli anni

For a Critical Interpretation of the Images

"That I fell head over heels in love with this 'seen & written' of yours you know by now. You know too that I intended to make a sort of story out of it, interweaving moments of my own life with the images of friends, of people I have known, or just met, that appear there." This is how Luisa Adorno begins her book *Qualcosa anch'io*, fascinating me in a harrowing way. In it she writes two letters: one to Ferdinando Scianna, the other to Gaetano Scandurra. I happened to read this delightful, intimate, acute and affectionate work in the very period in which the photographic campaign got under way. And it was with the words of Luisa Adorno ringing in my head that I accompanied, at some moments, my friend Ferdinando, guided by the tireless and unsparing Ziva Kraus around the *calli* and *campi* of the Ghetto.

I remember with pleasure my first meetings with Scianna, his hesitations and doubts about tackling such a complex subject, where the encounter was necessarily with the history and the emotions in which those places are still steeped. As far as I am concerned, the decision to work with Scianna was almost a foregone conclusion. Together, we had just celebrated the fiftieth anniversary of what is perhaps his most important book, *Feste religiose in Sicilia*, with a special

degli esordi e la sua immensa amicizia con Leonardo Sciascia. Ciò che mi ha colpito di quel reportage, che Scianna ha realizzato visitando decine di paesi siciliani, è la determinazione dell'autore nei confronti dell'ambiguità del linguaggio fotografico. Il tema religioso, prepotente e fascinoso, resta comunque un pretesto rispetto alla rappresentazione dell'umanità presente in ogni scatto. Quello che importava, e che ancora importa a Scianna, è mettere in scena speranze e contraddizioni dei suoi simili, esprimendo con forza un punto di vista: la sua visione insomma.

Mi è sembrato quindi naturale pensare al nostro fotografo siciliano, primo autore italiano ad accedere nell'olimpo della Magnum, la mitica agenzia fotogiornalistica fondata nel 1947 da Henri Cartier-Bresson e Robert Capa, e chiedere a questo «funambolo di riti e comportamenti» di raccogliere la versione contemporanea di un'esperienza che conta una storia di cinquecento anni.

E ora, davanti a questi suoi scatti, sono convinto che è stata fatta la scelta giusta. Ferdinando Scianna ha saputo costruire un racconto delicato, ha scelto una prosa senza malinconia, ha cercato affinità elettive con affetto e gratitudine. Ha dato forma a una memoria collettiva ele-

issue of the monthly *Il Fotografo*, which I had the honor of editing. In a long interview he spoke of the early years of his career and his extremely close friendship with Leonardo Sciascia. What struck me most about that reportage, for which Scianna visited dozens of Sicilian towns and villages, was its author's determination in the face of the ambiguity of the photographic language. The religious theme, although a potent and fascinating one, remained a pretext with respect to the representation of humanity present in every picture. What mattered, and still matters to Scianna, was to portray the hopes and contradictions of his fellow human beings, forcefully expressing a point of view: his own vision in short.

So it seemed natural to me to think of our Sicilian photographer, the first from Italy to gain admission to the exclusive circle of Magnum, the legendary photojournalistic agency founded in 1947 by Henri Cartier-Bresson and Robert Capa, and ask this "tightrope walker of rituals and modes of behavior" to take a contemporary look at an experience with five hundred years of history behind it.

And now, with his pictures in front of me, I am convinced that it was the right choice. Ferdinando Scianna has been able to tell a delicate story, choosing a prose free of melancholy and

vando e distinguendo singole storie: se ne avverte la bellezza e la solennità. Il nostro fotografo sembra muoversi secondo uno schema preciso: prima le architetture, così specifiche e uniche. Strutture quasi trionfanti, ma di un nulla. Palazzi pesanti e profondi nelle altezze fuori scala. Poi la memoria storica. Il dolore mai urlato dell'olocausto. Le pietre d'inciampo e i segni di una vicenda destinata a restare indelebile. Ancora, quasi a inseguire un andamento musicale, emerge la capacità di Scianna di dare senso allo spazio. Dentro queste fotografie ci si orienta. I punti cardinali si fanno abbraccio e segnano le linee di una confidenza visiva capace di entrare nei confini dell'intimità dei molti ritratti che compongono il complesso mosaico di questa esperienza: è il linguaggio degli affetti, è la grammatica dei corpi.

seeking elective affinities with affection and gratitude. He has shaped a collective memory by picking out and focusing on individual stories: their beauty and solemnity are evident. Our photographer seems to have followed a precise scheme: first the architecture, so specific and unique. Almost triumphant structures, but made of nothing. Buildings that are heavy and deep in their disproportionate height. Then the historical memory. The never strident sorrow of the Holocaust. The *stolpersteins* and the marks of an event destined to remain indelible. Again, almost as if following a musical modulation, what emerges is Scianna's ability to give meaning to space. You can get your bearings in these photographs. The cardinal points embrace and trace the lines of a visual confidence capable of entering within the bounds of the intimacy of the many portraits that make up the complex mosaic of this experience: it is the language of affections, it is the grammar of bodies.

Donatella Calabi

Il Ghetto di Venezia oggi: un racconto per immagini, una storia nel suo farsi

The Venice Ghetto today: a story told in pictures, a history in the making

Le quarantaquattro fotografie in bianco e nero qui presentate sono l'esito di una selezione fra i molti scatti effettuati da Ferdinando Scianna in alcune visite fatte a Venezia tra il mese di maggio e quello di giugno del 2016: esse si presentano come appunti, una serie di annotazioni puntuali relative allo svolgersi della vita quotidiana in un quartiere cittadino. Il risultato del suo lavoro è un lucido, nitido reportage fotografico effettuato sul Ghetto di Venezia, luogo denso di iniziative organizzate non solo in laguna, in occasione del cinquecentenario dell'istituzione del primo recinto al mondo destinato agli ebrei, quello, appunto, di Venezia. Il 29 marzo 1516, il Senato della Repubblica Veneta aveva infatti decretato di mandare tutti i giudei presenti in città ad abitare "uniti" a Cannaregio in «una corte di case».

Il lavoro di Scianna è conseguente a una scelta intelligente e quanto mai opportuna fatta dalla Fondazione di Venezia di incaricare il fotografo di raccontarci quest'area cittadina oggi. Emerge qui sia la volontà del committente di proporre uno sguardo che non sia solo volto al passato (come è stato quello di alcune delle iniziative prese contemporaneamente da altre istituzioni), che quella dell'autore di cogliere per indizi la fisionomia

The 44 black-and-white photographs presented here have been selected from the many pictures taken by Ferdinando Scianna on a succession of visits made to Venice between May and June in 2016: they take the form of notes, a series of precise annotations on the course of daily life in a neighborhood of the city. The result of his work is a lucid and vivid photographic reportage on the Venice Ghetto in the late spring of this year filled with initiatives organized—and not just in the lagoon—to mark the 500th anniversary of the setting up of the first enclave for the segregation of Jews in the world, the one in Venice. On March 29, 1516, the Senate of the Venetian Republic had in fact decided that all the Jews present in the city should be sent to live "together" in "a courtyard of houses" at Cannaregio.

Scianna's work is the consequence of an intelligent and highly appropriate choice made by the Fondazione di Venezia to commission a portrait of this area of the city today from the photographer. What stand out here are both the desire of the foundation to present a view that is not focused solely on the past (as some of the initiatives taken at the same time by other institutions have been) and the photographer's determination to uncover clues to the makeup of today's Venetian Ghetto.

dell'odierno Ghetto veneziano. Ciò che colpisce in modo particolare l'osservatore è lo sguardo visibilmente curioso, attento, ma "fresco" del fotografo, totalmente privo di giudizi costruiti preventivamente a tavolino. Quella che ci viene proposta infatti, per un verso, è semplicemente una zona popolare e vivacissima la cui vita si è organizzata intorno a un campo veneziano fra i più grandi e animati; per l'altro, continua ad avere delle sue specificità nei comportamenti individuali (il cappellone nero di un passante, il *taled* bianco con strisce nere nel quale è avvolto un altro personaggio) e collettivi (i momenti di preghiera di un gruppetto di uomini adulti nascosti in una delle *yeshivot,* o una riunione festosa di un gruppo di *Lubavitch,* volutamente visibili, quasi a fare proselitismo, mentre discutono in un loro locale prospiciente la piazza, o l'incontro di altri uomini contraddistinti dai loro lunghi cappotti neri e dai voluminosi copricapi di pelliccia, tutti ostentatamente difensori di abitudini comunitarie autonome e separate, poco integrati ai ritmi cittadini).

Abbiamo dinanzi un racconto fatto per immagini e una storia nel suo farsi, in cui l'autore dimostra una straordinaria capacità di narrare mettendo in luce dei particolari e di evitare

Particularly striking is the Scianna's obviously curious and attentive, but "fresh" gaze, totally free of judgments made theoretically in advance. In fact what is proposed to us is, on the one hand, simply an extremely lively working-class area where everything is organized around a Venetian *campo* that is one of the largest and most animated in the city; on the other, a place that continues to have distinctive aspects expressed through individual choices (the broad-brimmed black hat of a passer, the white *taled* with black stripes in which another figure is wrapped) and collective behavior (the moments of prayer of a small group of men hidden away in one of the *yeshivot*, or a festive reunion of the Lubavitch community, deliberately open to view, almost as if they wished to proselytize, while they hold a discussion in one of their meeting places facing onto the square, or the gathering of other men characterized by their long black coats and voluminous fur hats, all ostentatious upholders of autonomous and separate community customs, not closely integrated with the rhythms of city life).

What we have here is a story told in pictures and a history in the making, in which Scianna displays an extraordinary capacity for narration, bringing details to notice and avoiding

ogni elemento decorativo inutile. Attraverso la sensibilità personale, l'occhio della macchina fotografica mantiene l'attenzione su ciò che ritiene essenziale, manifestando pertanto una straordinaria attitudine antropologica.

Vengono così colte scene di vita quotidiana tipiche di Venezia, con ciò che esse mostrano di "normale" perché noto e ripetuto anche in altri quartieri e a un tempo di specifico del luogo indagato. Può trattarsi di una donna intenta a guardare la strada dalla sua finestra; o di bambini che si arrampicano su una vera da pozzo, ai piedi della quale hanno depositato i loro zainetti, giocano o chiacchierano all'uscita dalla scuola (la vera da pozzo è vero e proprio *topos* di riferimento nei diversi campi cittadini); o di gruppetti di gente che attraversano il campo, mentre alcuni siedono su una panchina e i piccioni zampettano sulla pavimentazione dello stesso slargo; e degli alberi che ne costituiscono uno degli elementi di forte attrazione in un contesto nel quale la pietra prevale fortemente sul verde.

Scianna ferma l'obiettivo di volta in volta sulle case altissime che circondano l'invaso (fino a otto, nove piani, ciascuno di altezza ridotta fra pavimento e soffitto), denotando

any unnecessary element of decoration. Through his personal sensibility, the eye of the camera focuses attention on what he considers essential, thereby expressing an amazing anthropological aptitude.

It captures scenes of everyday life typical of Venice, "normal" in their familiarity and the fact that they can be found in other districts too, and at the same time specific to the place in question. It might be a woman gazing at the street from her window; or children climbing on a well curb, playing or chatting as they come out of the nearby school, with their bags deposited at its foot, a genuine point of reference in the city's various *campi*; or small groups of people crossing the square, while others are seated on a bench and pigeons scrabble over its paving stones; and the trees that constitute one of the main attractions in a setting where stone predominates over vegetation.

Scianna turns his lens every so often on the very tall houses that surround the space (up to eight, nine stories, each of a reduced height between floor and ceiling), revealing a density of construction that is wholly anomalous in a city built on sandy and not very stable ground; or on the wet pavement, gleaming on a rainy evening, and the lights lit inside

così una densità edilizia del tutto anomala in una città in cui il suolo sabbioso è poco resistente; o sul selciato bagnato, reso lucido in una serata di pioggia e sulle luci accese all'interno delle case; oppure sulla gita in barca guidata da un vogatore con cappello da gondoliere di una famiglia di viaggiatori con la *kippah* in testa e i loro bargigli; o sul degrado di un'edilizia povera, con una tapparella vecchia e storta, animata dai panni stesi, ma anche dalla presenza di un signore barbuto; o ancora su tre donne che parlano tra loro gesticolando in modo evidente, o forse recitano, evocando il carattere "teatrale", shakespeariano, assunto di recente dal luogo; e perfino su alcune "pietre di inciampo" di ottone levigato, in contrasto con la ruvidezza e il colore scuro della trachite del selciato. Quelli esposti, sono frammenti che l'osservazione attenta di un "pedone" riesce a isolare nella città lagunare meglio di quanto potrebbe cogliere altrove lo sguardo di chi percorre lo spazio urbano in automobile o in tram, comunque a una velocità differente. E tuttavia, mentre descrive normali spunti cittadini, l'autore non manca di sottolineare i caratteri tradizionali del quartiere ebraico, di incamerare nei suoi fotogrammi i frammenti di quanto conosce del passato di quei luoghi: la bottega di un robivecchi, più

the houses; or on the trip made by a family of travelers with sidelocks and *kippot* on their heads in a boat steered by a man wearing a gondolier's hat; or on the decay of a humble building, with an old and crooked blind, animated by washing hung out to dry, but also by the presence of a bearded man; or again on three women talking to each other and gesticulating in a conspicuous manner, or perhaps they are acting, evoking the "theatrical," Shakespearian character the place has recently taken on; and even on some *stolpersteins*, "stumbling stones" of polished brass, contrasting with the rough texture and dark color of the trachyte paving. The ones on show here are fragments that the attentive observation of a "pedestrian" is able to pick out in the lagoon city better than would be possible elsewhere for anyone moving through urban space by auto or streetcar, and in any case at a different speed.
And yet, while describing normal aspects of the city, the photographer does not fail to point out the traditional characteristics of the Jewish quarter, to include in his pictures fragments of what he knows about the past of those places: a junk shop, rather than the store of a true antique dealer, evoking the *strazzaria*, or the trade in second-hand goods

che un vero antiquario, nella quale si evoca la "strazzaria", o il commercio di oggetti di seconda mano come attività concessa alla minoranza giudaica dal XVI secolo in poi e, contemporaneamente, i volti sorridenti accanto al loro gatto di una coppia di bottegai di artigianato religioso o rituale, così come la produzione dei tipici dolcetti di mandorle. Il luccichio dell'acqua del canale perimetrale, oggi un tranquillo rio cittadino, non può non farci pensare a quello stesso recinto liquido percorso cinquecento anni fa dalle guardie cristiane preposte al controllo della chiusura delle porte. Il museo con una scolaresca seduta a terra con alcuni bambini attenti e altri visibilmente distratti mentre ascoltano la spiega della maestra, il "banco rosso", reinvenzione turistica, ma dotata di una sua genuina capacità di raccontare uno dei compiti – il prestito su pegno – fin dall'inizio affidato agli ebrei in una capitale del commercio come era Venezia, la Scola Canton con il suo *aron* o la Scoletta Luzzatto che si riconoscono come luogo di preghiera, con gli argenti rituali (una corona di *Sefer Torah*), ma anche come spazio per la discussione dei testi sacri e lo studio da parte del rabbino capo e di un suo attento ascoltatore, la Casa Israelitica di Riposo, con il suo nome un po' desueto e con una delle sue anzia-

as an activity permitted to the Jewish minority from the 16th century onward; at the same time, the smiling faces of a couple of storekeepers selling handcrafted religious or ritual objects, along with their cat; and a baker with his typical almond cakes. The shimmering water of the canal running around the Ghetto, today a tranquil city *rio*, cannot help but make us think of that same liquid barrier patrolled five hundred years ago by the Christian guards responsible for ensuring the closure of the gates.
The museum with a party of schoolchildren seated on the ground, in which some are paying attention to the explanations given by the teacher while others are visibly distracted; the "banco rosso," a replica for tourists but one that offers a credible representation of one of the roles—pawnbroker—entrusted to Jews from the outset in a capital of commerce like Venice; the Canton Synagogue with its *aron* or the Scuola Luzzatto that can be recognized as a place of prayer by its ritual silver trappings (a Sefer Torah crown), but also as a setting for the discussion of holy scriptures and study on the part of the chief rabbi and an attentive listener; the Casa Israelitica di Riposo, with its rather outdated name ("Israelite Rest Home") and one of its elderly residents in front of the

ne frequentatrice davanti alla porta, sono tutte istituzioni che connotano l'area con le loro funzioni "storiche". La cassetta delle elemosine della Scola Levantina richiama alla mente il Ghetto Vecchio e l'unica architettura riconoscibile come manufatto autonomo dell'intero complesso. Nella rassegna si riconoscono anche alcune figure note a chi conosce il quartiere, come quella di Aldo Izzo, lo straordinario custode e depositario delle memorie dell'antico cimitero ebraico di San Nicolò, o quella di Živa Kraus, intelligente e raffinata organizzatrice di mostre fotografiche nella sua galleria sotto il portichetto del campo, o quella di Marcella Ansaldi, direttrice del Museo Ebraico, appoggiata quasi a guardia del dossale ligneo decorato della Scola Canton. Siti altrove, all'estremità del Lido, eppure al Ghetto strettamente legati, non mancano i fregi e le pietre tombali del luogo dei defunti.

In definitiva, con i numerosi e variegati soggetti mostrati in questa sua esposizione, Ferdinando Scianna coglie il presente con lo sguardo di un narratore abilissimo, ma ci propone anche un lavoro sistematico di chi sta costruendo un archivio, particolarmente attento alle stratificazioni della storia. Egli dimostra cioè una capacità singolare di co-

door: all these are institutions that characterize the area with their "historical" functions. The alms box of the Levantine Synagogue calls to mind the Ghetto Vecchio and the only building recognizable as a place of worship in the whole complex.

Among the pictures we also find some of figures familiar to those who know the area, like Aldo Izzo, the extraordinary keeper and repository of the memories of the old Jewish cemetery of San Nicolò; or Ziva Kraus, intelligent and refined organizer of photographic exhibitions in her gallery under the little portico of the Campo; or Marcella Ansaldi, director of the Jewish Museum, propped up against the decorated wooden frontal of the Canton Synagogue almost as if she were on guard. Located elsewhere, at the far end of the Lido, and yet closely linked to the Ghetto, there are the friezes and tombstones of the Jewish graveyard.

In short, with the numerous and varied subjects on display in this exhibition of his, Ferdinando Scianna shows us the present through the eyes of a skillful storyteller, but also proposes to us the systematic work of someone who is constructing an archive, paying particular attention to the layers of history.

gliere il registro multiplo che caratterizza i frequentatori del ghetto, persone conviventi negli stessi spazi ridotti, non sempre capaci, né desiderosi di interloquire fra loro, e che tuttavia contribuiscono insieme a farne un sito particolare, dotato di un fascino costrui-to sulle sue vicende secolari e sulle commistioni: cittadini o turisti che frequentano uno spazio urbano storicamente connotato, indifferenti gli uni agli altri; depositari dell'antica cultura e della religione ebraica, che desiderano raggiungere "silenziosamente" il massi-mo di integrazione con la città; abitanti di recente immigrazione per i quali (come altrove nel mondo) la manifestazione della propria identità passa per l'abbigliamento anomalo e i comportamenti separati.

That is to say he demonstrates a singular ability to grasp the multiple levels that cha-racterize the frequent visitors to the Ghetto, people sharing the same cramped spaces, not always capable or willing to talk to one another, and yet who all contribute to making it a special place, its fascination rooted in its centuries of history and in its mixtures: locals or tourists frequenting an urban space shaped by the past, indifferent to one ano-ther; repositories of the ancient Jewish culture and religion who strive to "silently" achie-ve the maximum of integration with the city; recent immigrants for whom (as elsewhere in the world) the manifestation of their identity relies on unusual dress and separate modes of conduct.

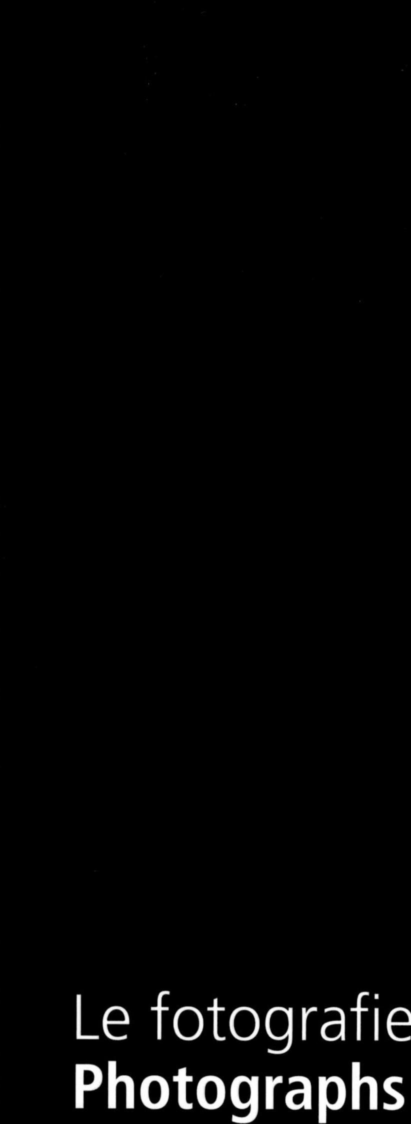
Le fotografie
Photographs

Il sapore visivo della tradizione
nell'immagine di un uomo
che attraversa il Ghetto
**The full flavor of tradition
in the image of a man walking
through the Ghetto**

alle pagine successive
Il campo del Ghetto Nuovo
visto dall'alto della
Kosher-House "Giardino dei Melograni"
della Comunità ebraica di Venezia
following pages
**The Campo del Ghetto Nuovo
viewed from the height of the Venetian
Jewish community's kosher guest house
Giardino dei Melograni**

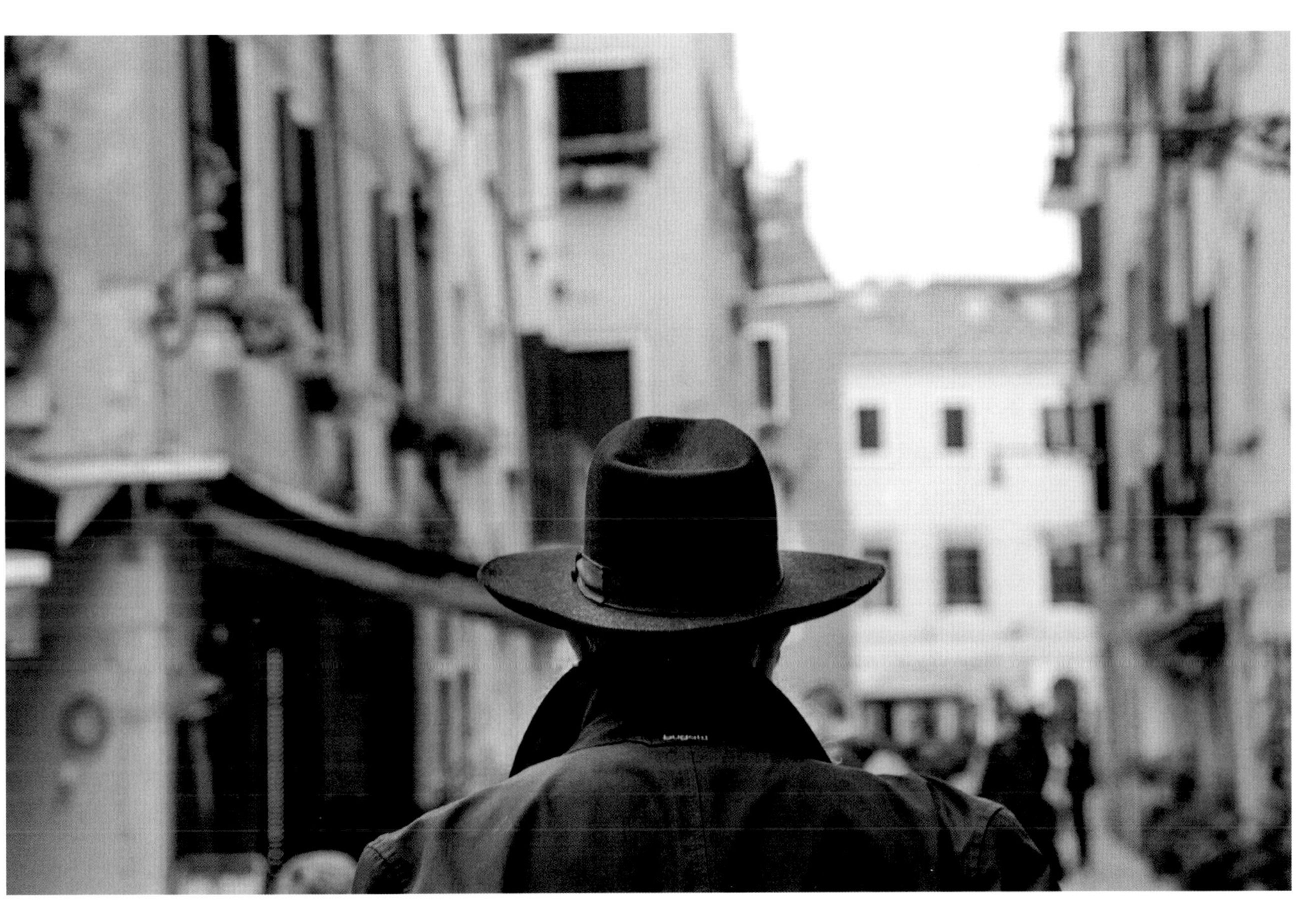

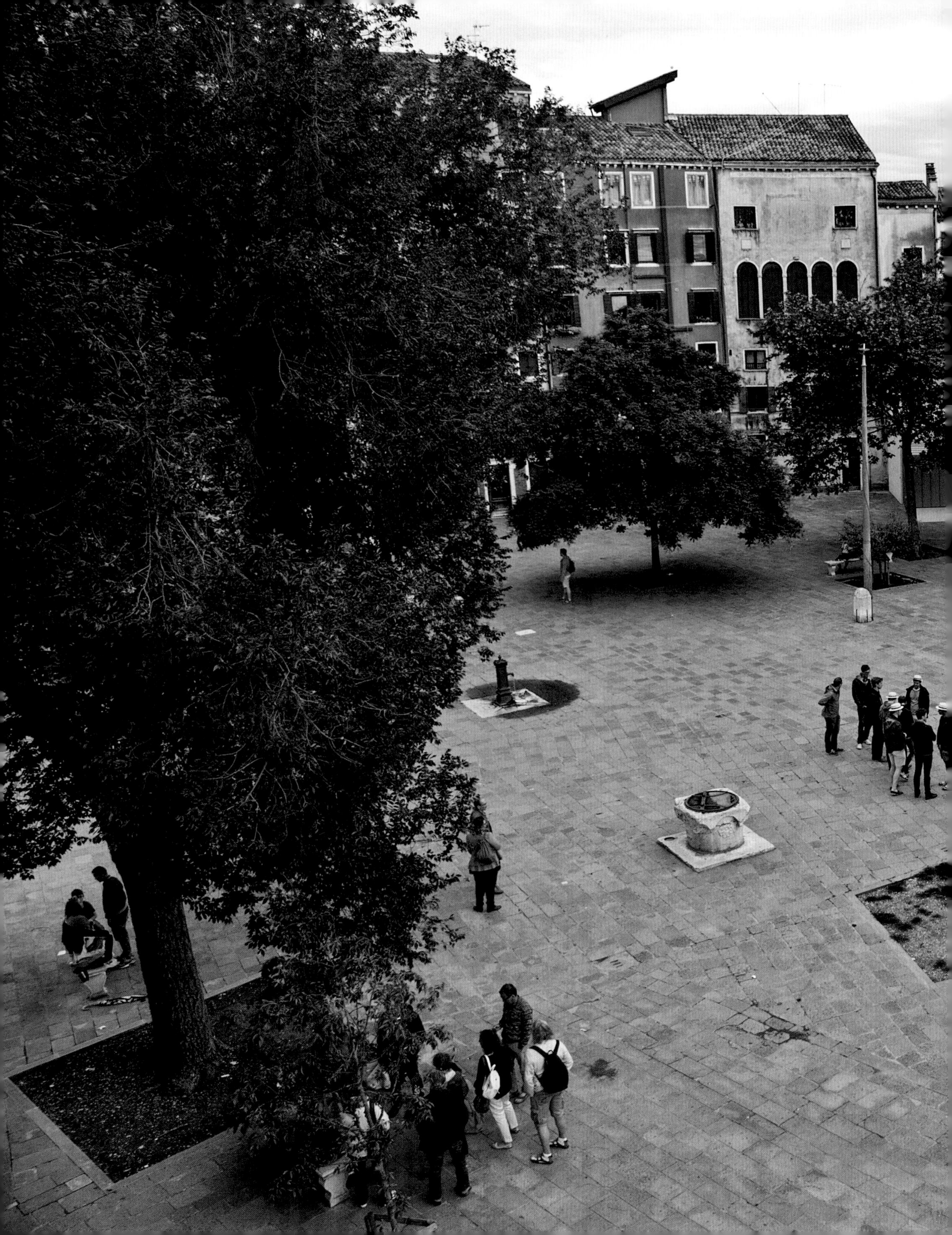

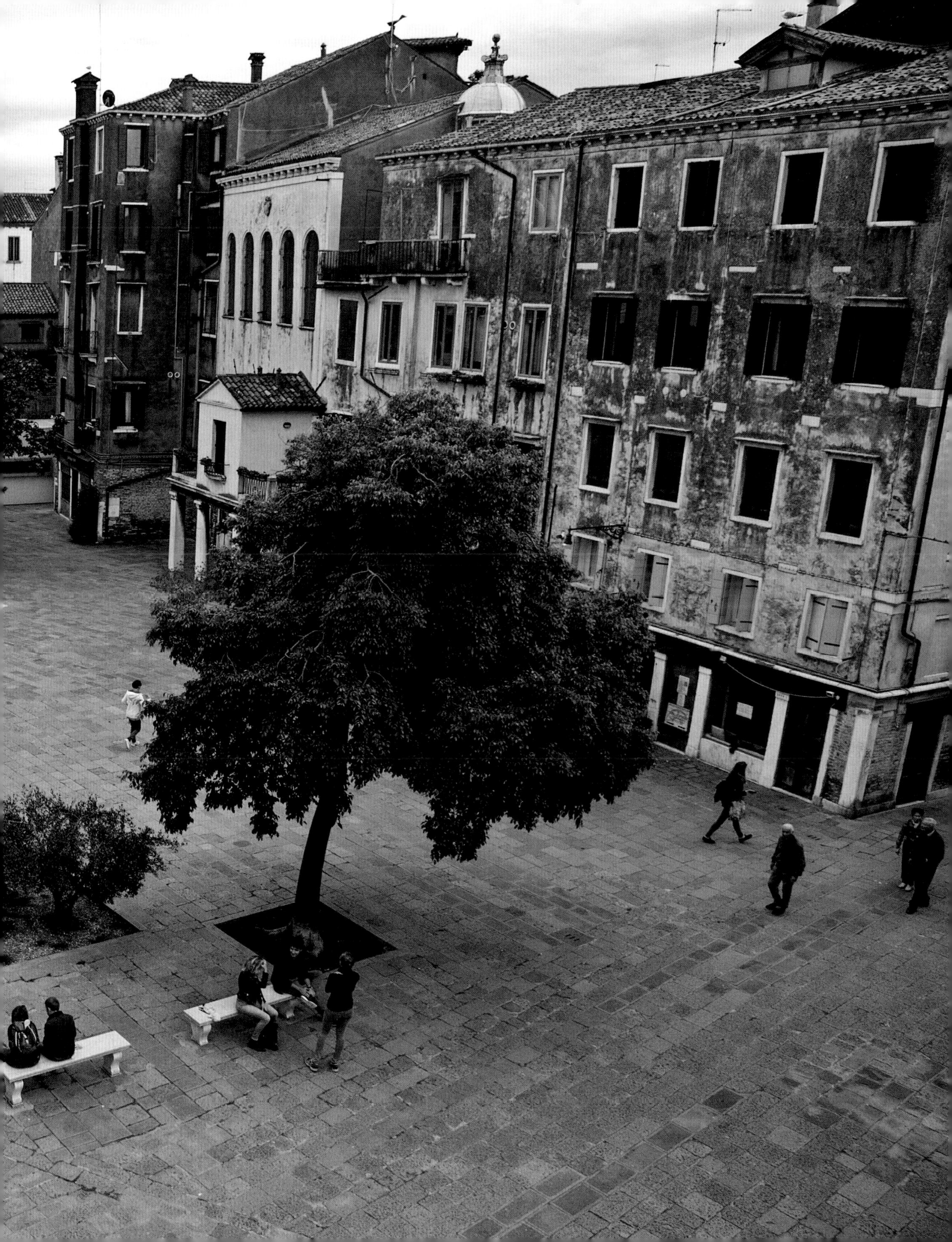

Rio del Ghetto Nuovo, che lo separa
dal Ghetto Nuovissimo e circonda
tutto il complesso.
Nel Cinquecento quattro guardiani
cristiani, nominati dalla Repubblica,
ma pagati dagli ebrei, incaricati di aprire
le porte all'alba e di richiuderle a notte,
lo percorrevano ininterrottamente
in barca con funzioni ambigue
di controllo e protezione

**Rio del Ghetto Nuovo, which separates
the Ghetto Nuovo from the Ghetto
Nuovissimo and surrounds the whole
complex. In the 16th century four
Christian guardians, appointed
by the Republic but paid by the Jews
and responsible for opening the gates
at dawn and closing them at night,
patrolled the canal uninterruptedly
by boat with ambiguous duties
of control and protection**

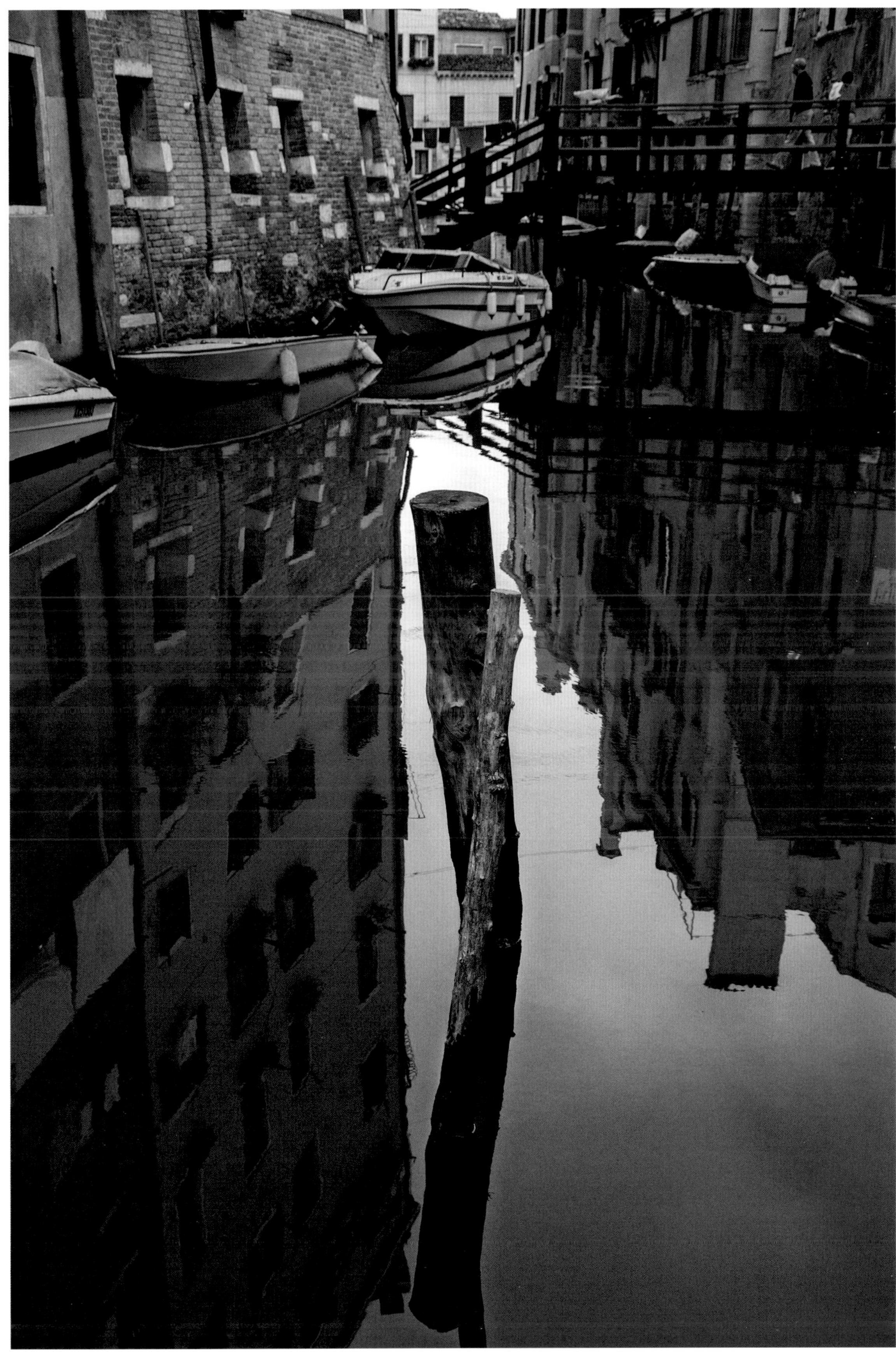

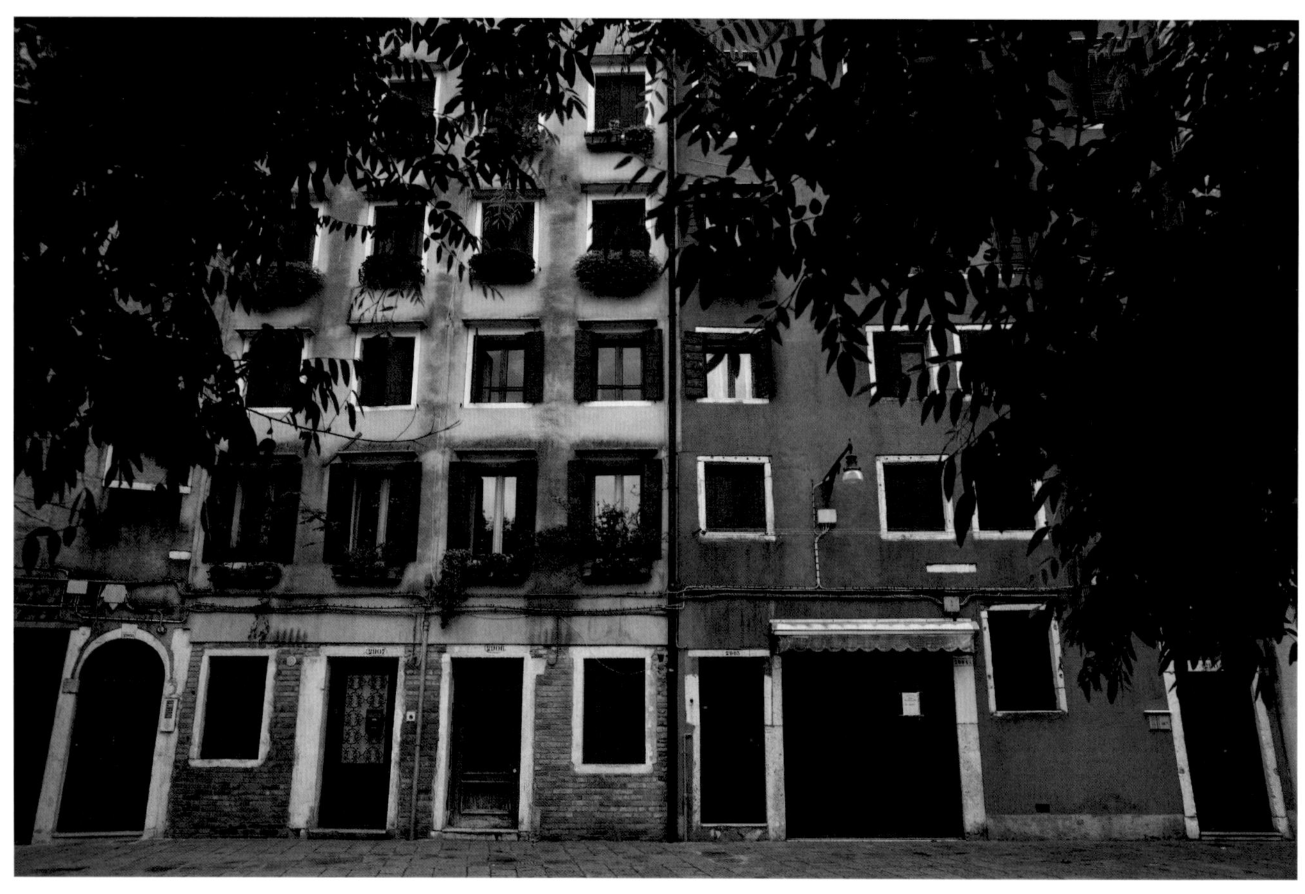

Classica architettura del Ghetto,
case basse che si sono nei secoli
sviluppate in altezza fino a farle
definire "grattacieli"
**Classical architecture of the ghetto,
originally low houses that have grown
so high over the centuries that they
have come to be known as "skyscrapers"**

Le arcate dentro le quali è ospitato
il banco rosso
**The arcades that house the historical
pawn shop, the Banco Rosso**

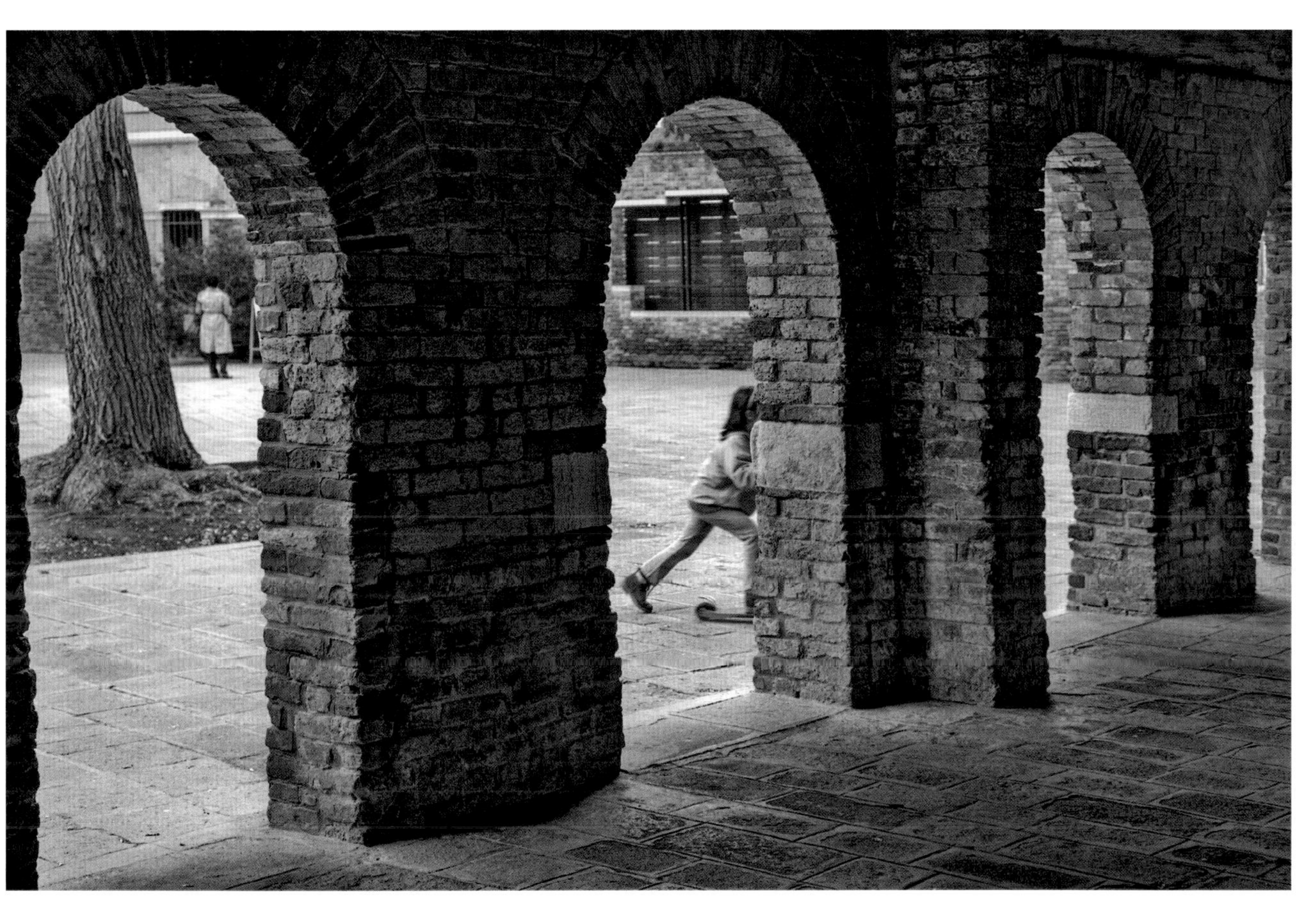

Živa Kraus, presenza ineludibile
nel Ghetto. La sua Galleria Ikona,
in Ghetto Nuovo, da decenni dedicata
alla fotografia si è conquistata
prestigio mondiale ed è diventata punto
di riferimento per le importantissime
mostre dei più grandi autori del nostro
tempo. Una gran dama della cultura
internazionale

**Živa Kraus, an inescapable presence
in the Ghetto. Her Galleria Ikona in the
Ghetto Nuovo, devoted to photography
for decades, has earned a worldwide
reputation and become a venue for
major exhibitions by the most important
photographers of our time. A *grande
dame* of international culture**

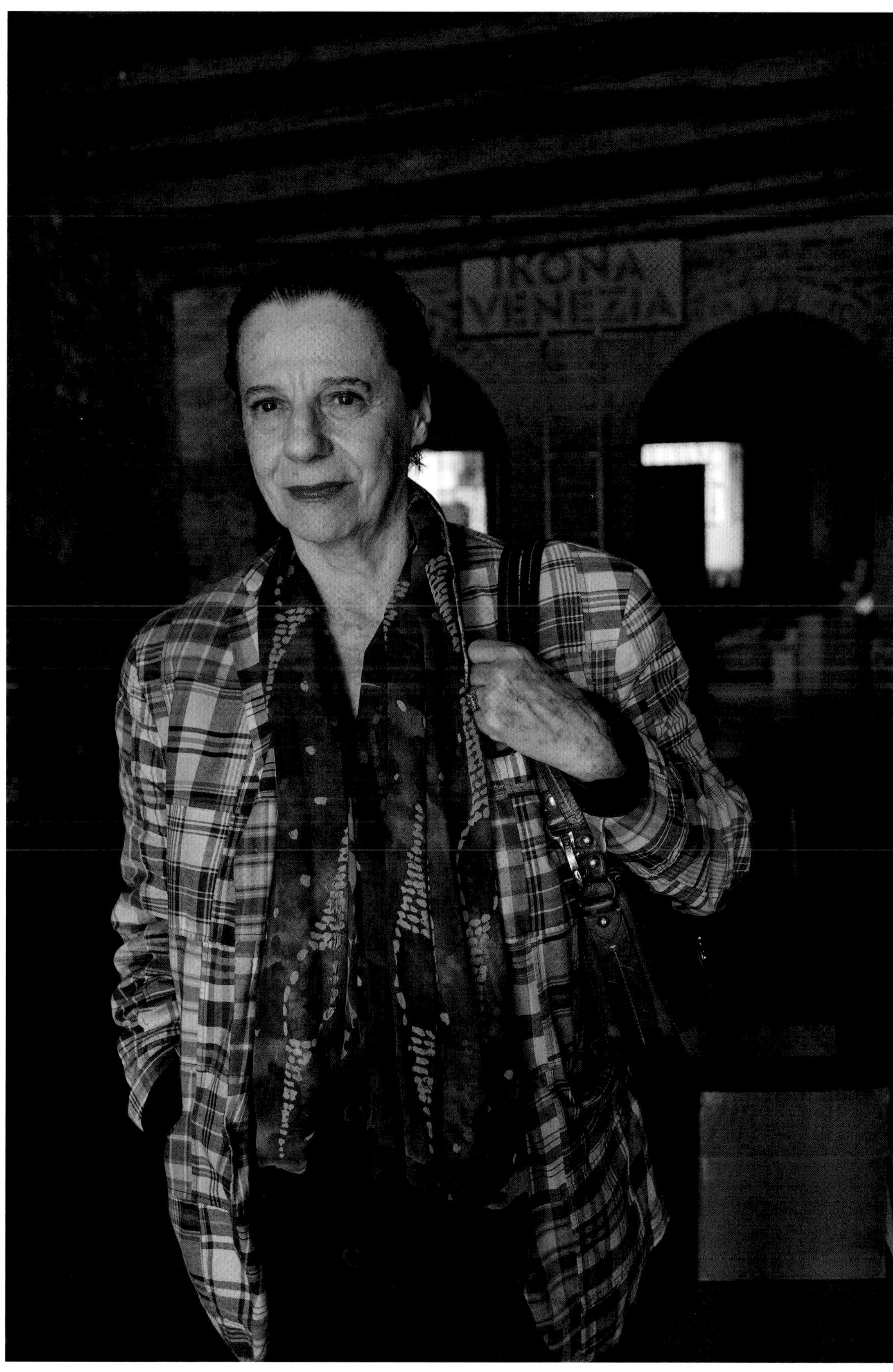
IKONA
VENEZIA

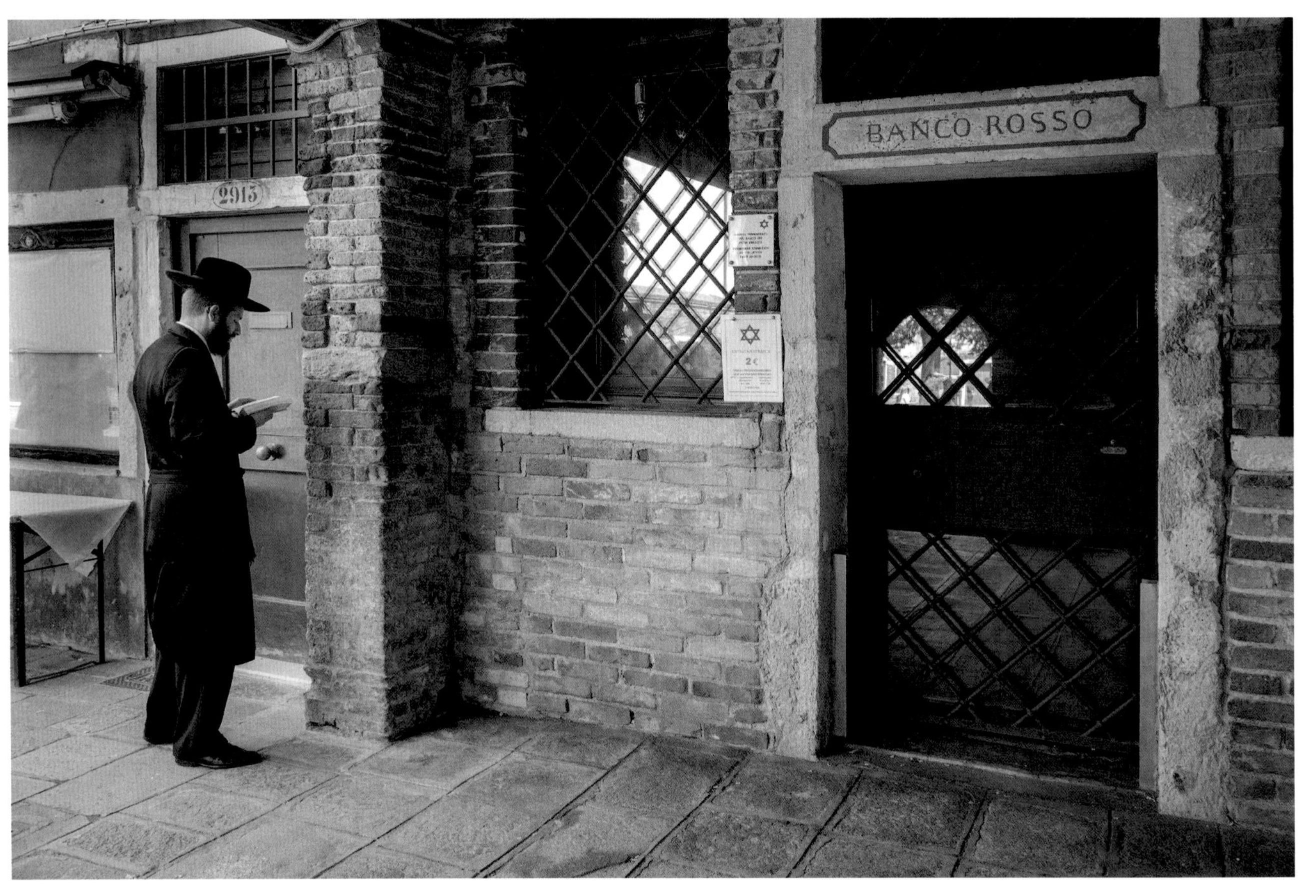

Uomo in preghiera accanto
al banco rosso
**A man praying next to
the Banco Rosso**

Ricostruzione a uso turistico del banco
rosso, uno dei tre banchi di pegno
che costituivano una delle attività
degli ebrei in Ghetto, motivo
di considerazione e rispetto
della Repubblica
**Replica for tourists of the Banco Rosso,
one of the three pawn shops
that constituted one of the activities
carried out by Jews in the Ghetto**

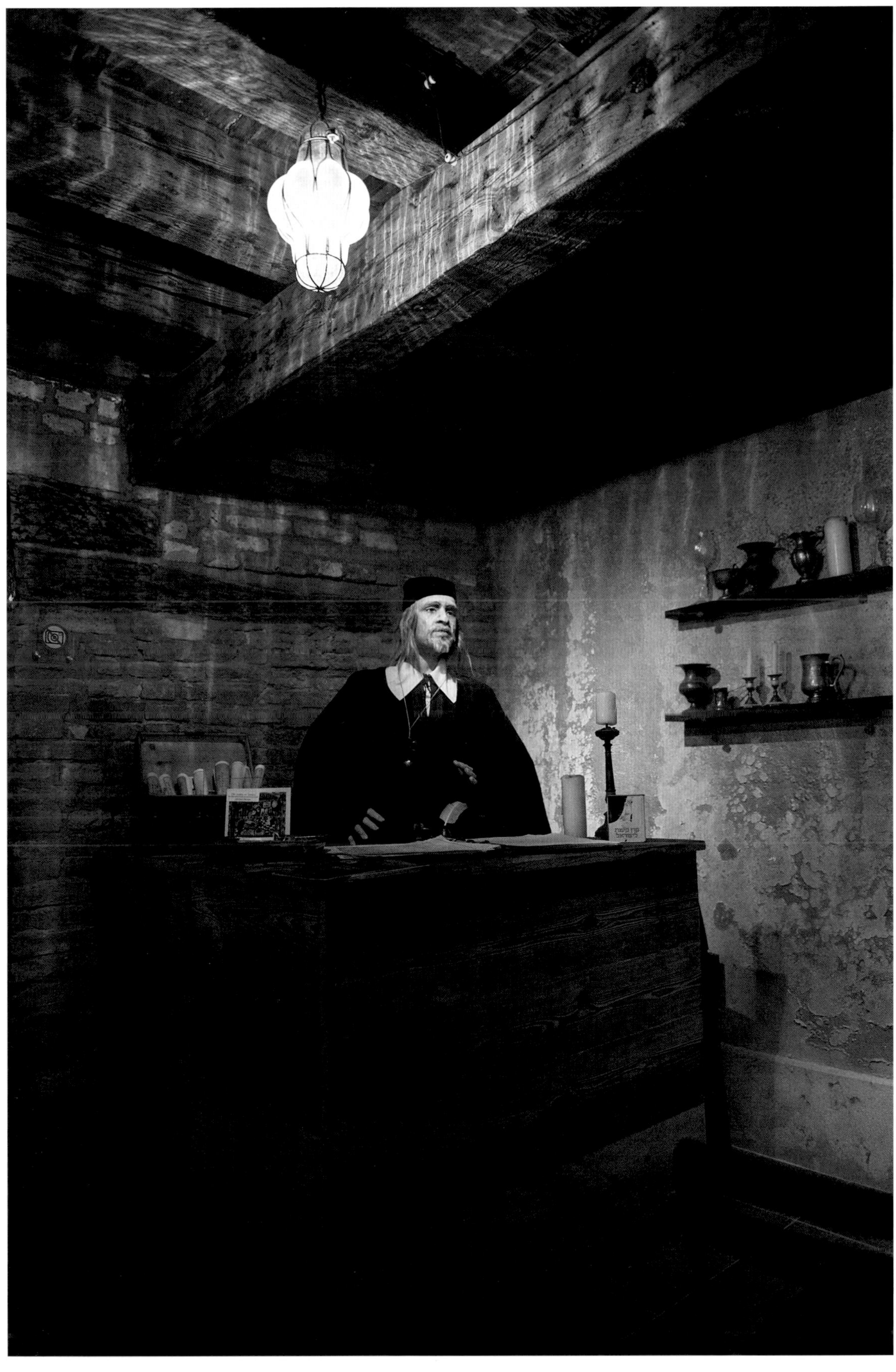

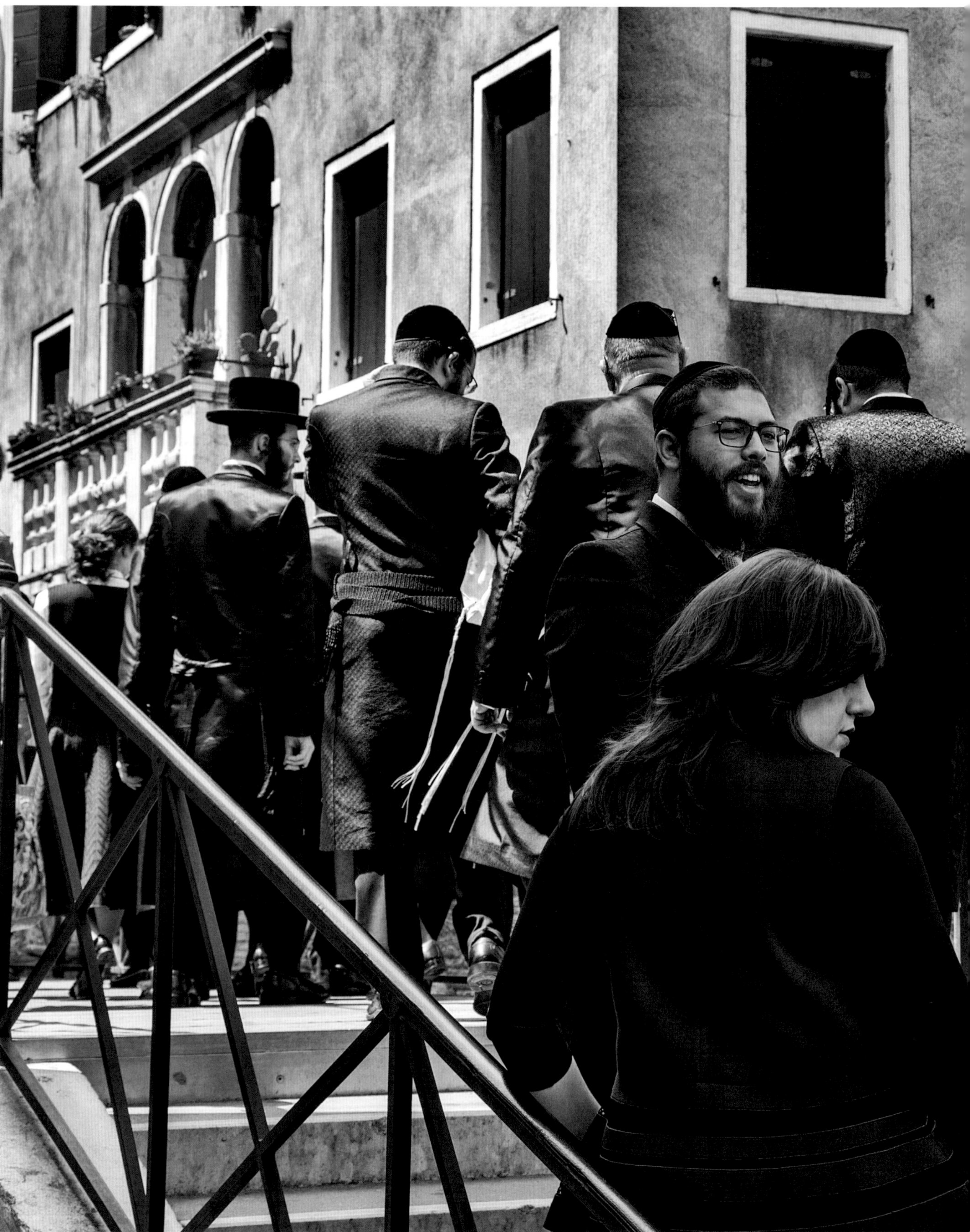

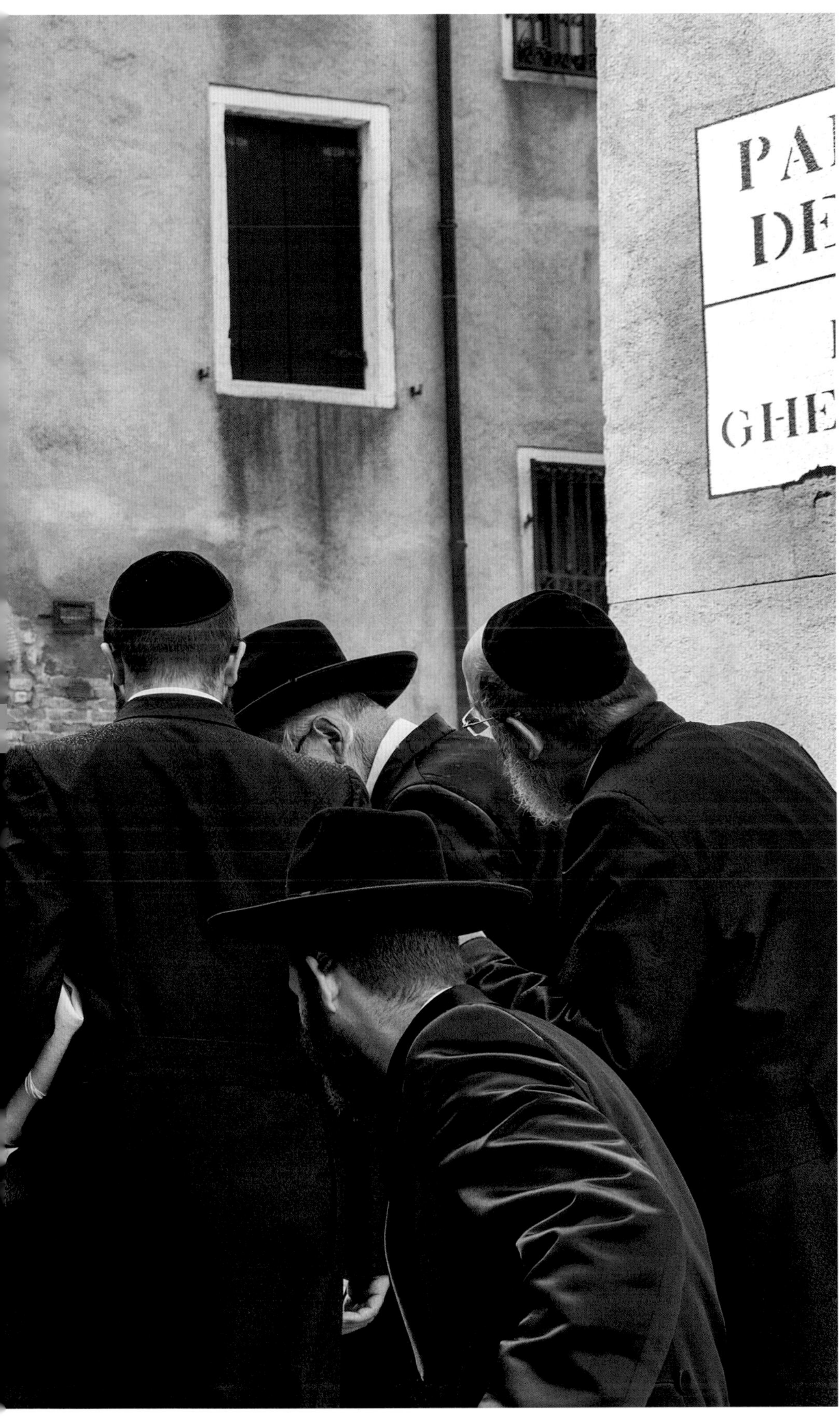

Visitatori di una comunità ebraica
americana attraversano il ponte
del Ghetto Vecchio
**Visitors from an American Jewish
community crossing the Ponte
del Ghetto Vecchio**

L'artista Michal Meron della ScalaMata
Gallery con il suo assistente Yehuda
Nathan Lev Cristofoli
**The artist Michal Meron of the ScalaMata
Gallery with her assistant Yehuda Nathan
Lev Cristofoli**

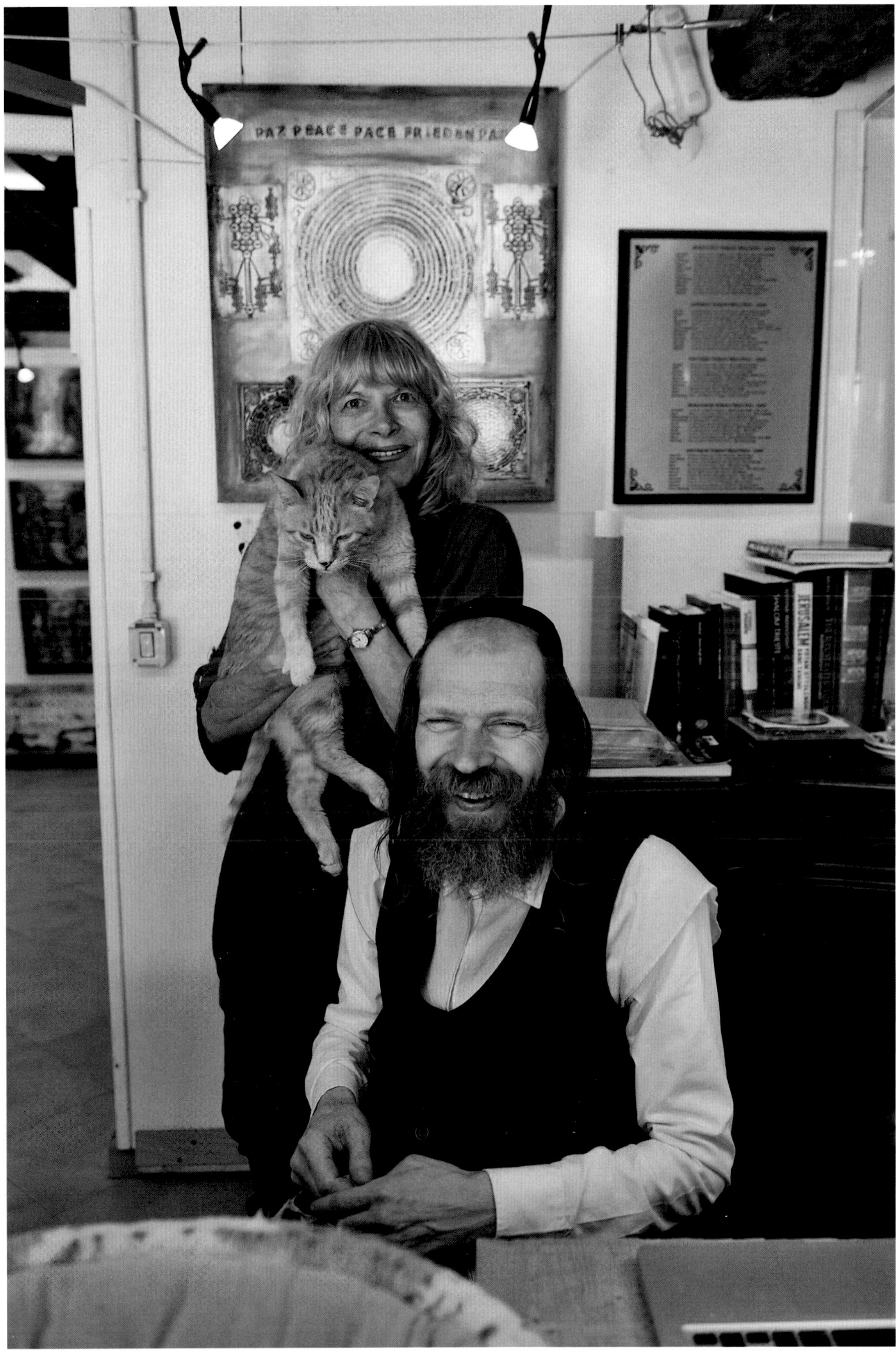
PAZ PEACE PACE FRIEDEN PAZ

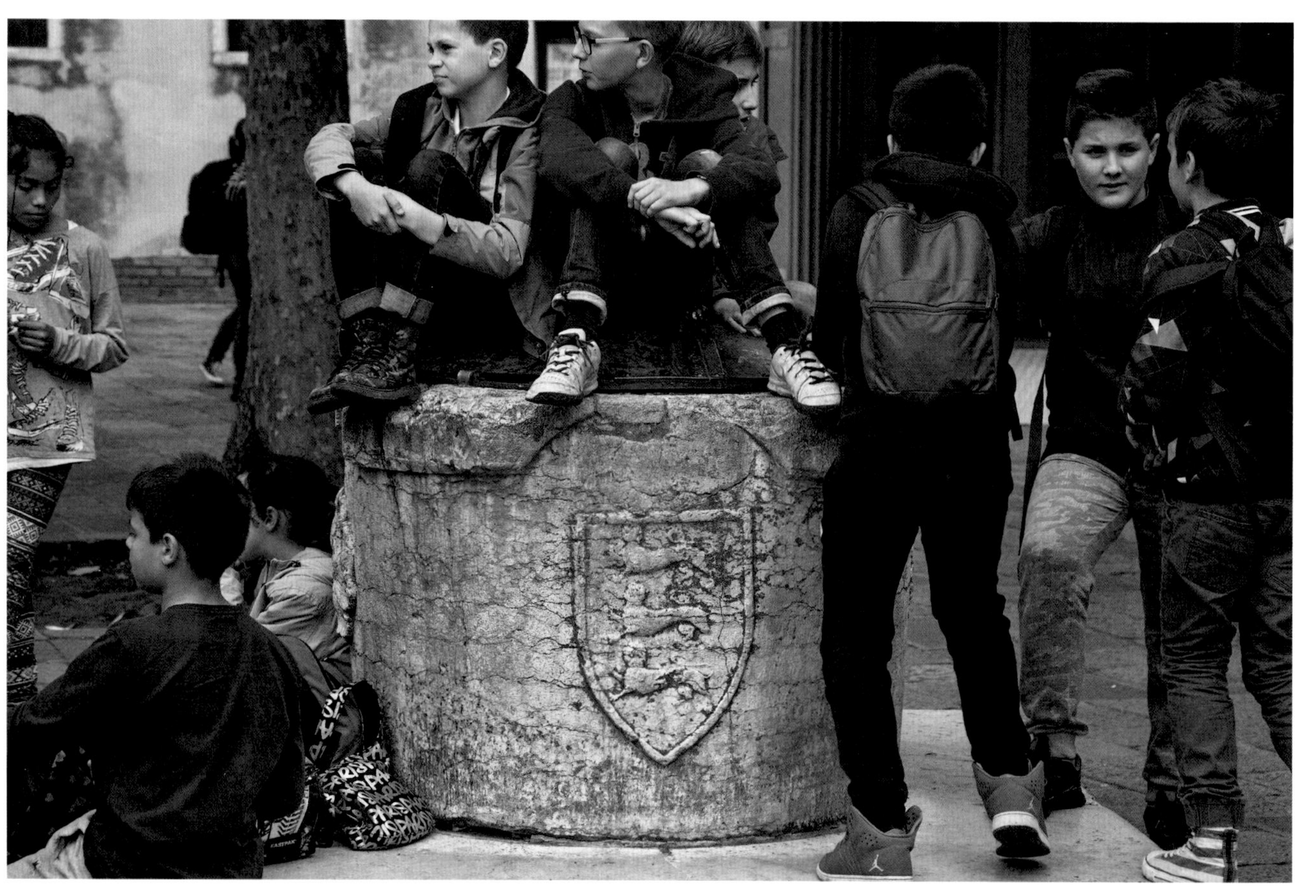

Ragazzi che giocano presso
uno dei tre pozzi del Ghetto Nuovo
dove ancora sono visibili gli stemmi
della famiglia Da Brolo, antichi
proprietari del luogo
**Children playing around one of the three
wells of the Ghetto Nuovo on which
the coat of arms of the Da Brolo family,
owners of the place, are still visible**

Signore vestite a festa per Shabbat
Women dressed up for Shabbat

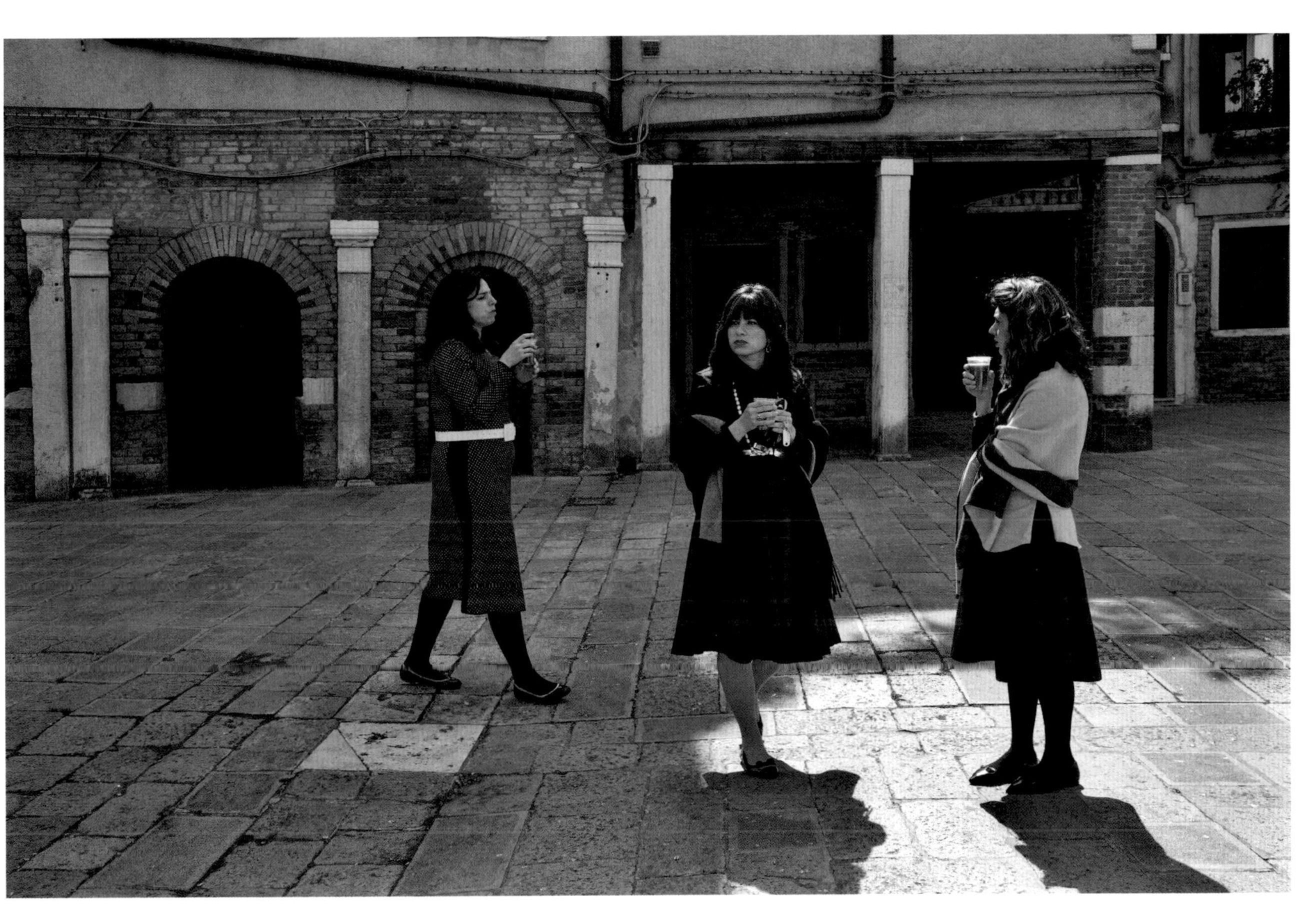

Alla finestra accanto
alla sinagoga Levantina
**At the window next
to the Levantine Synagogue**

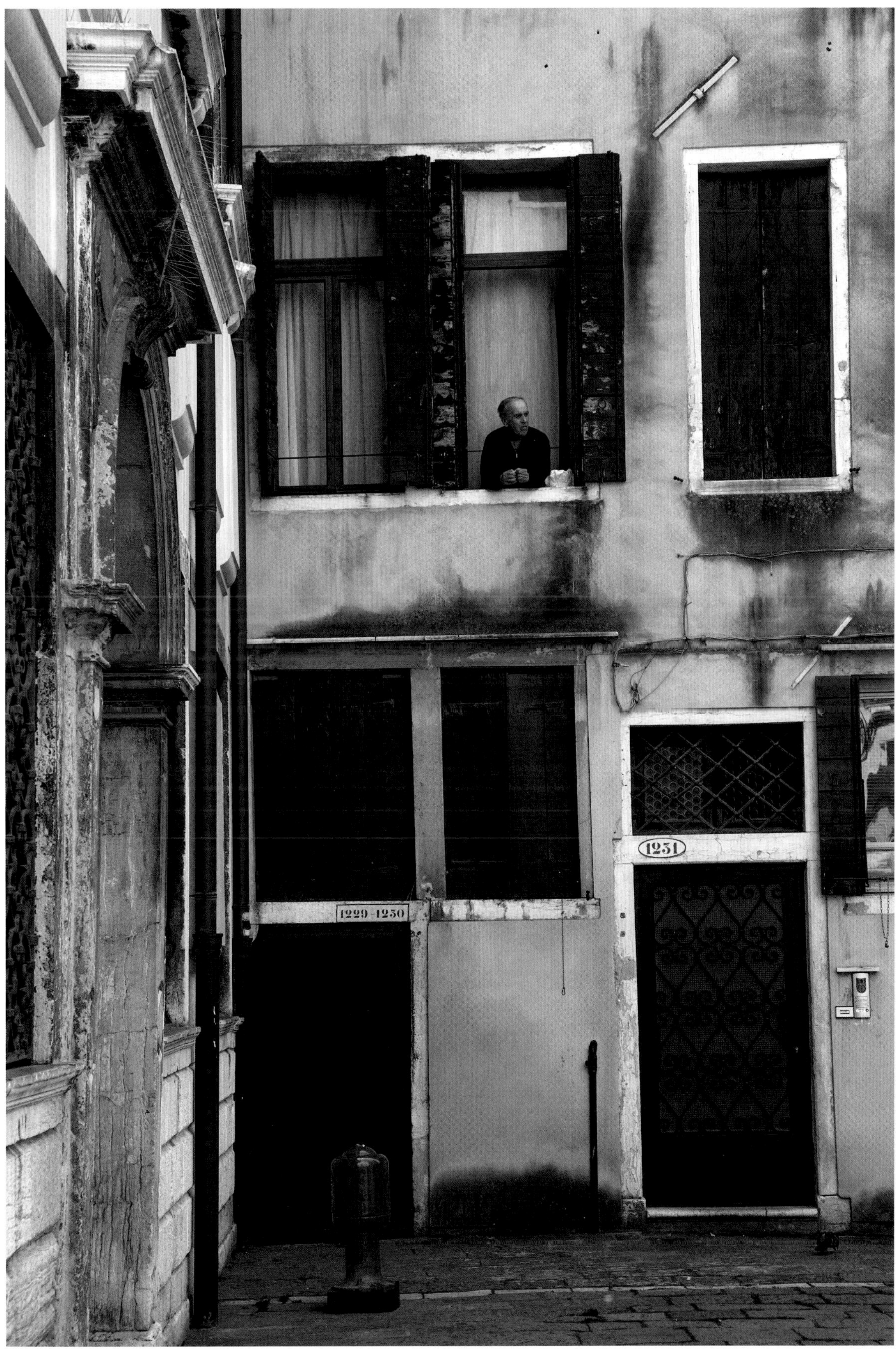
1229-1230
1231

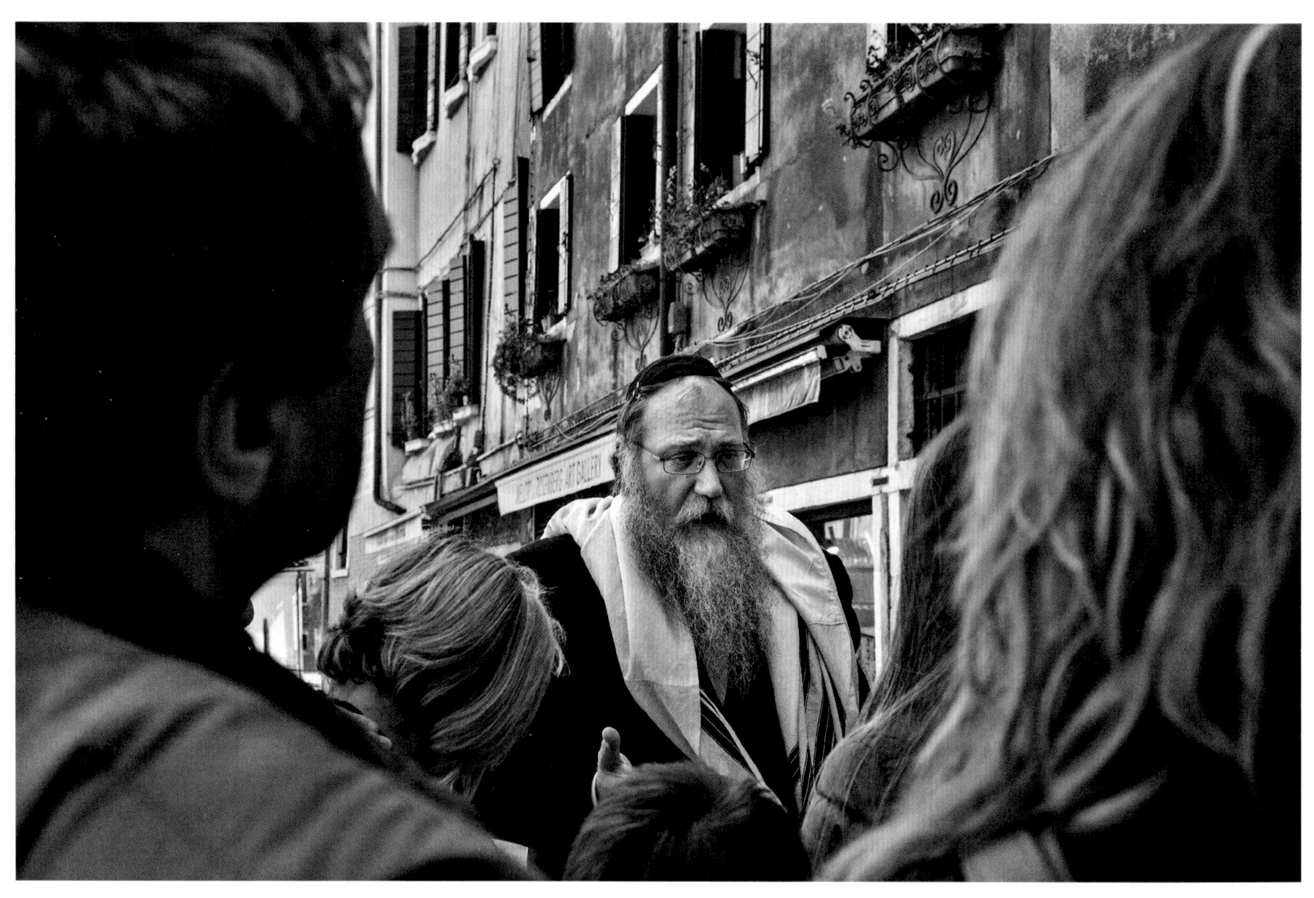

Dialogo con turisti e visitatori
Conversation with tourists and visitors

Turisti ebrei in visita al Ghetto
approfittano del sandolo
**Jewish tourists visiting the Ghetto
by *sandolo***

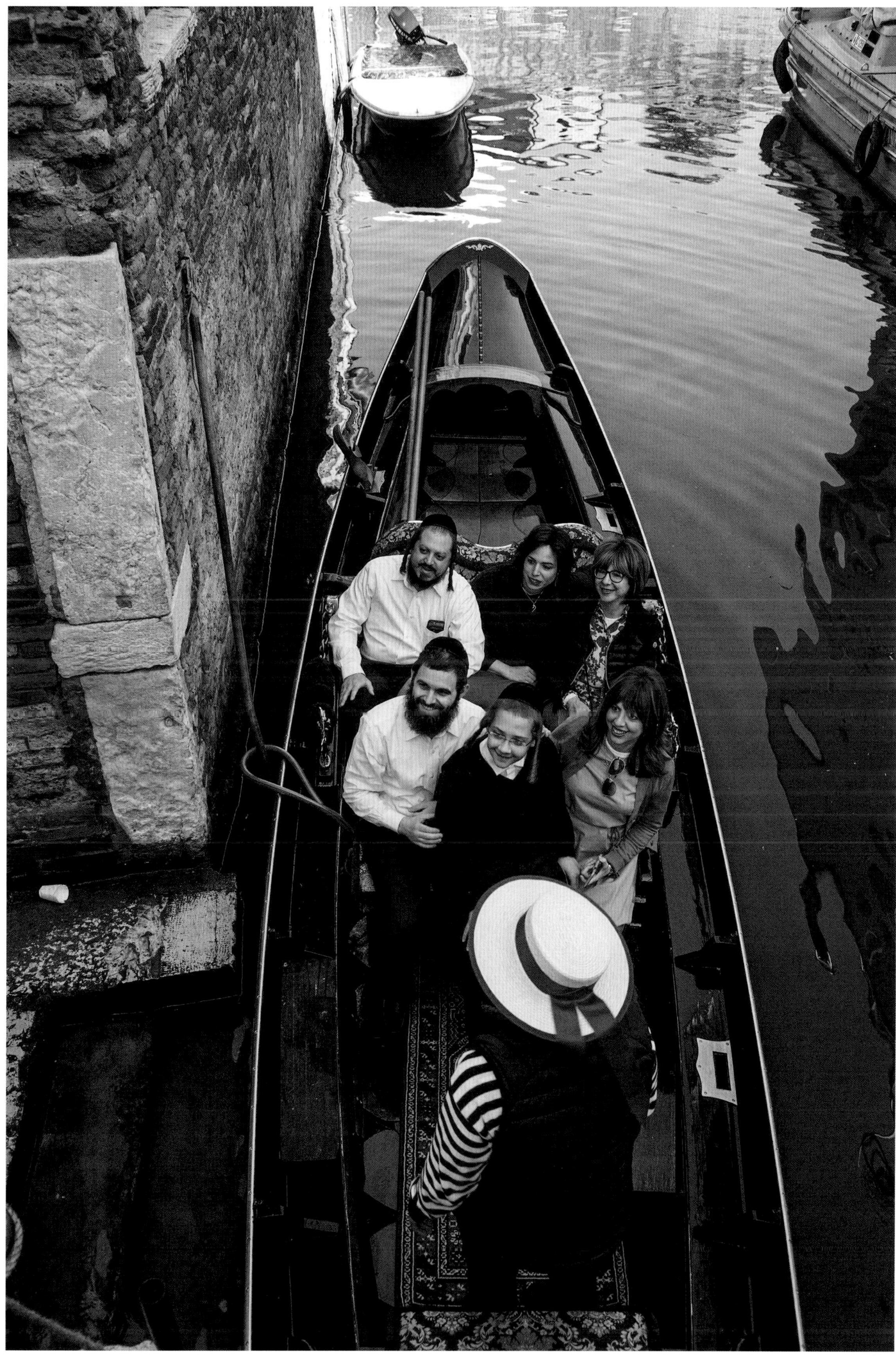

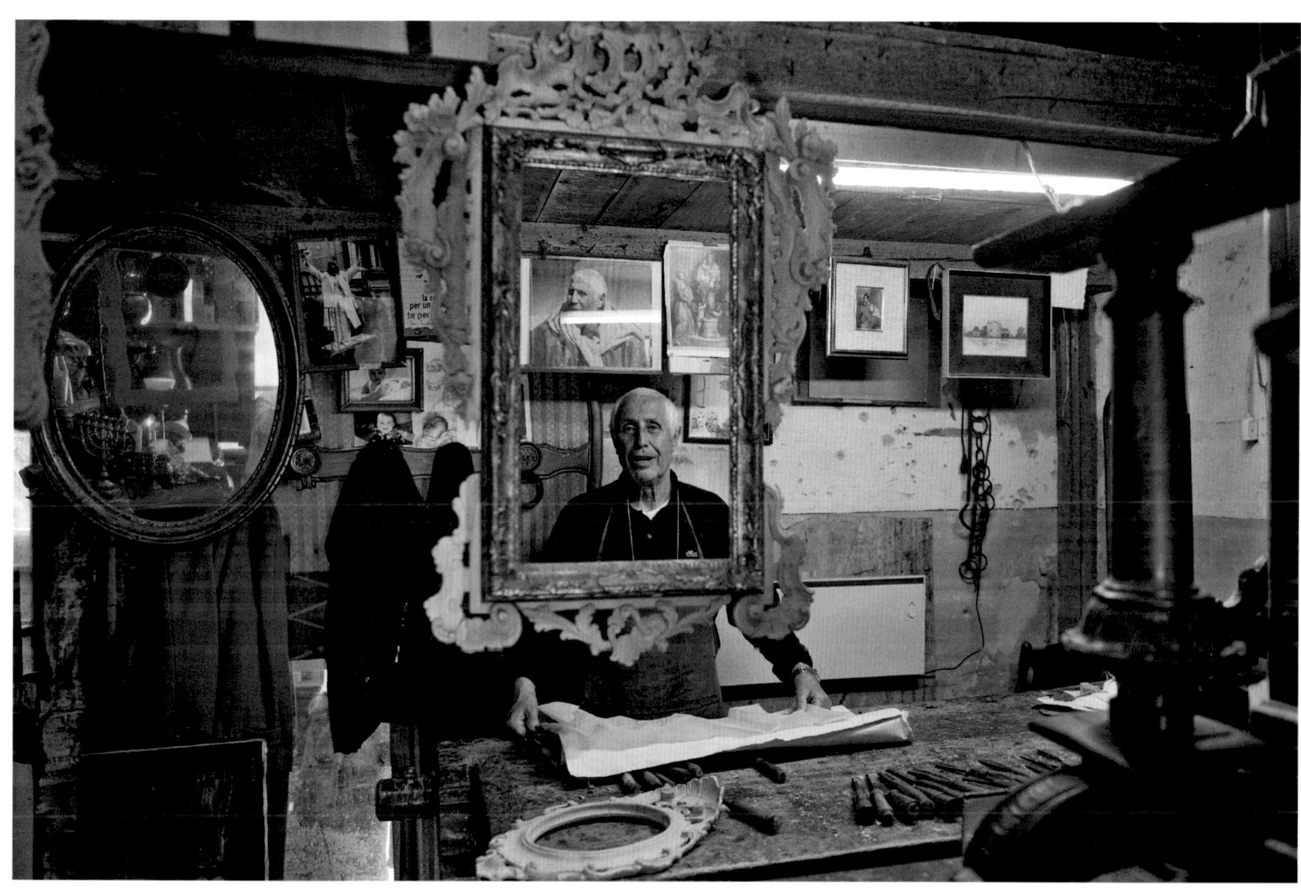

Emilio Piasentini,
pregiato intagliatore,
artigiano storico del Ghetto
**The skilled woodcarver
Emilio Piasentini, longtime
craftsman of the Ghetto**

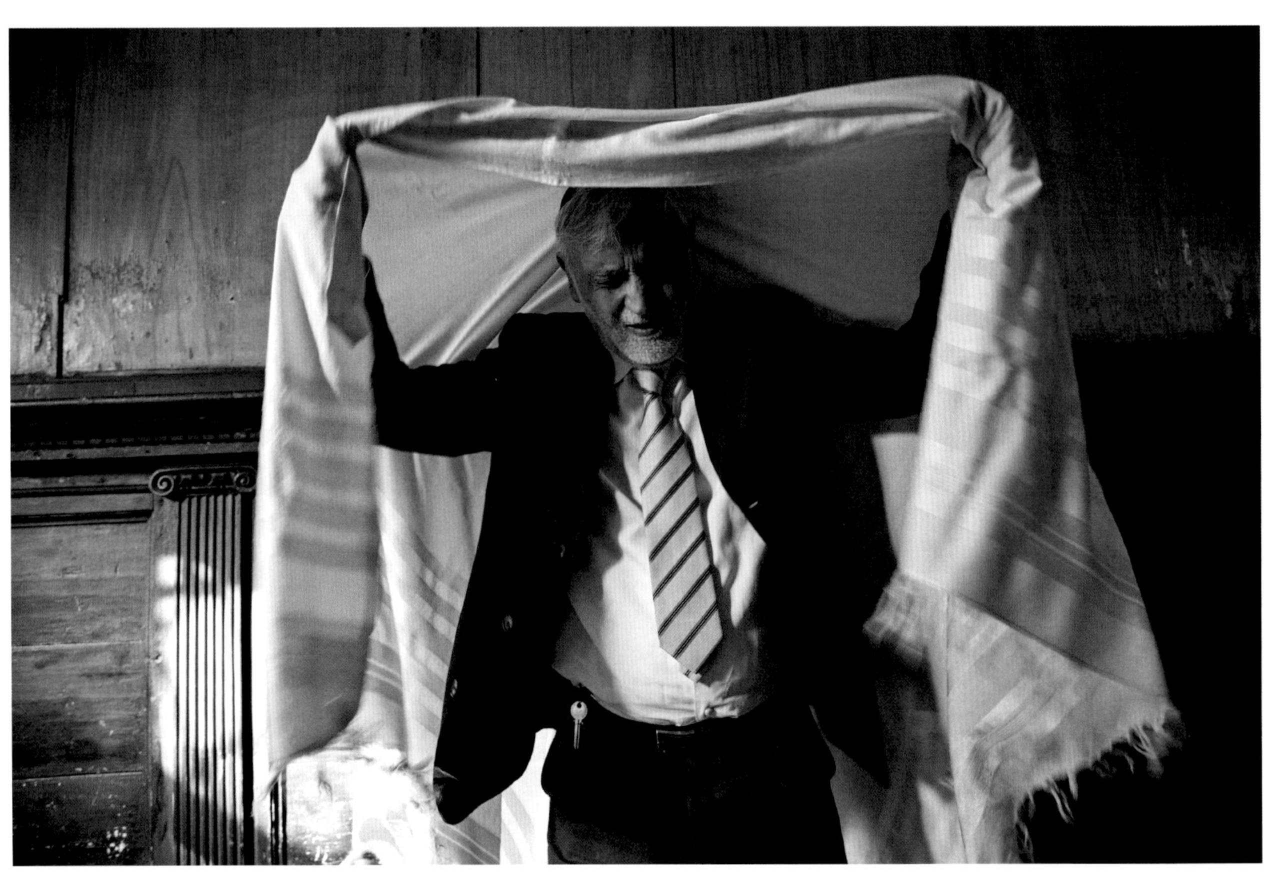

Il rabbino Rav Scialom Bahbout
si prepara alla preghiera
**Rabbi Rav Schalom Bahbout prepares
for prayer**

Preghiera del mattino
nel Midrash Luzzatto dentro la sinagoga
Levantina
**Morning prayer in Midrash Luzzatto
of the Levantine Synagogue**

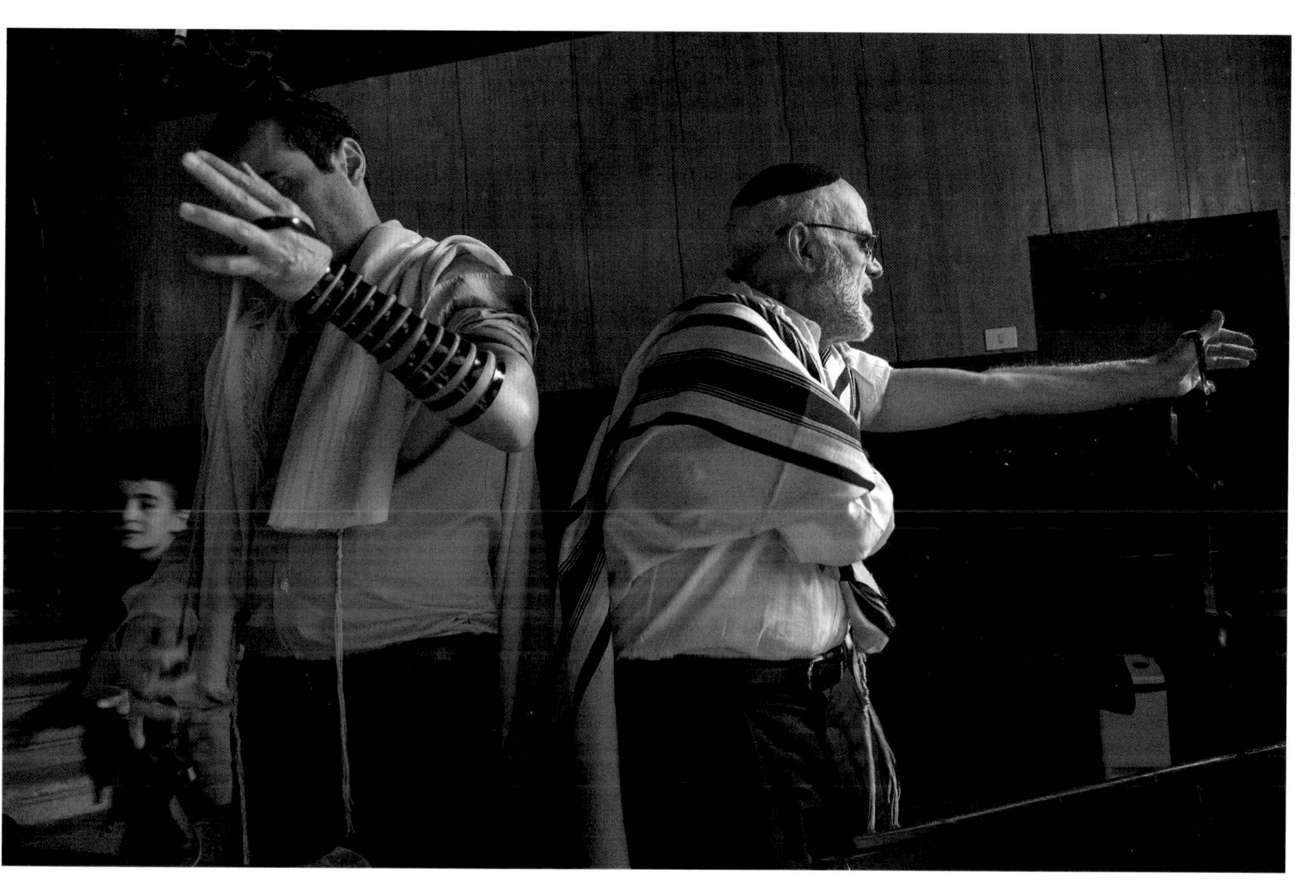

Il rabbino Rav Scialom Bahbout
si prepara alla preghiera
**Rabbi Rav Schalom Bahbout prepares
for prayer**

alle pagine successive
Preghiera del mattino
nel Midrash Luzzatto dentro
la sinagoga Levantina
following pages
**Morning prayer in Midrash Luzzatto
of the Levantine Synagogue**

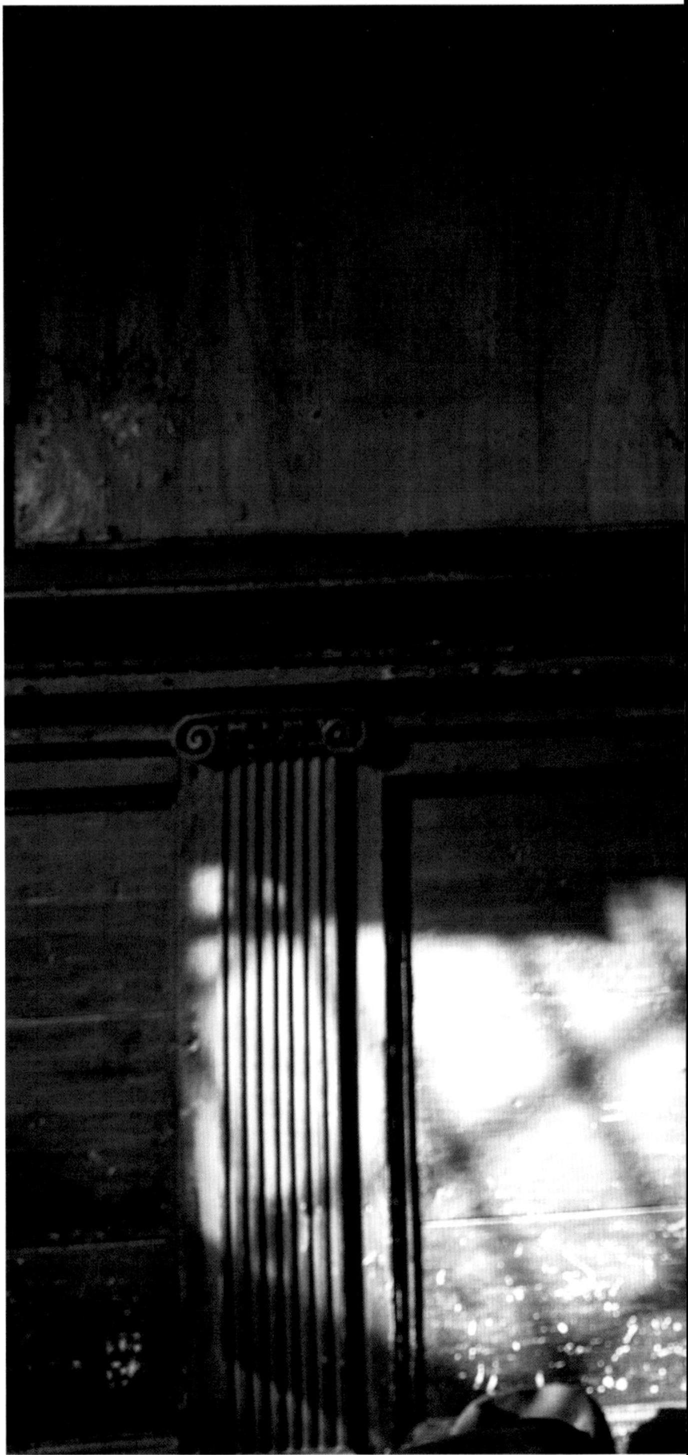

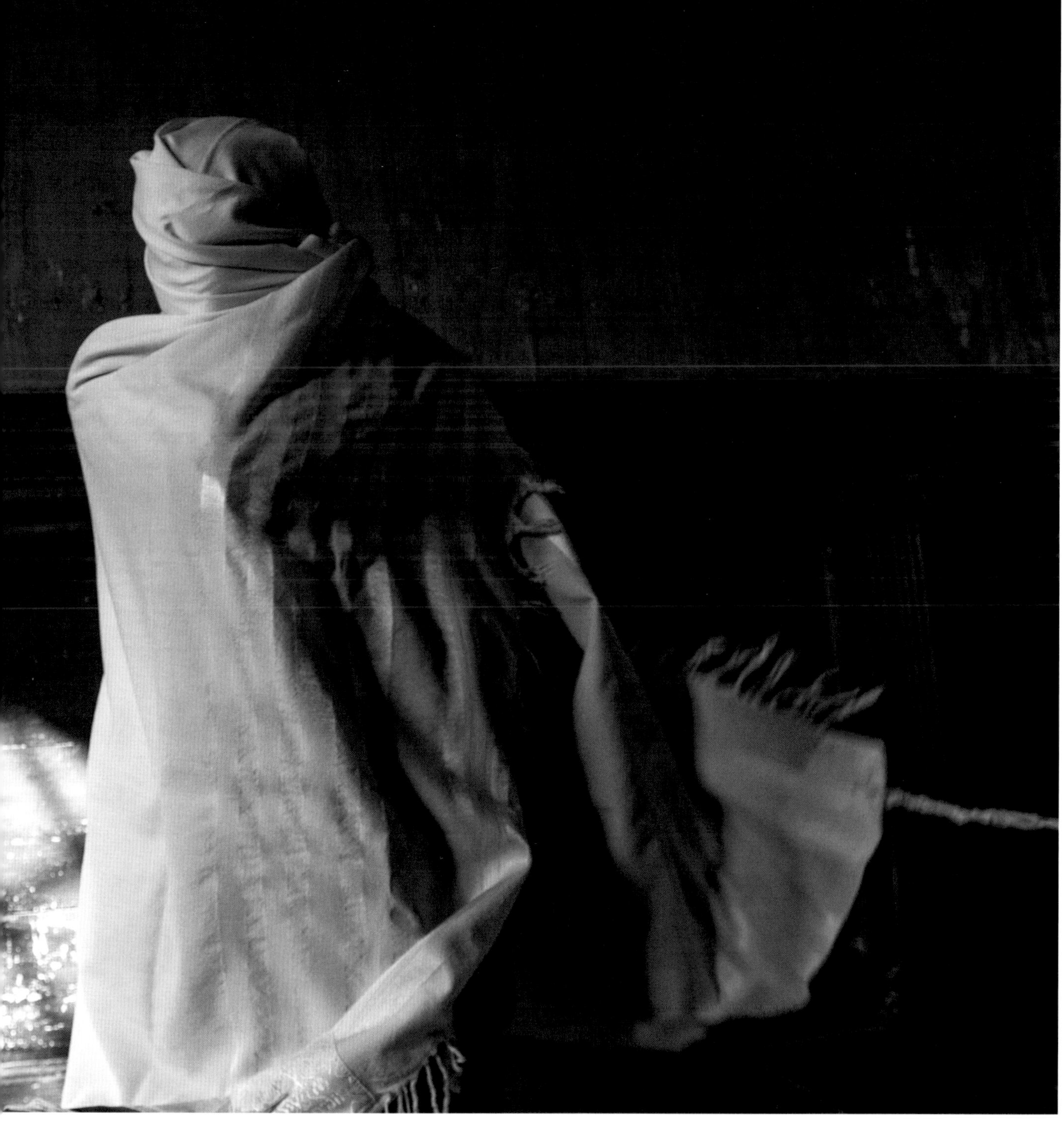

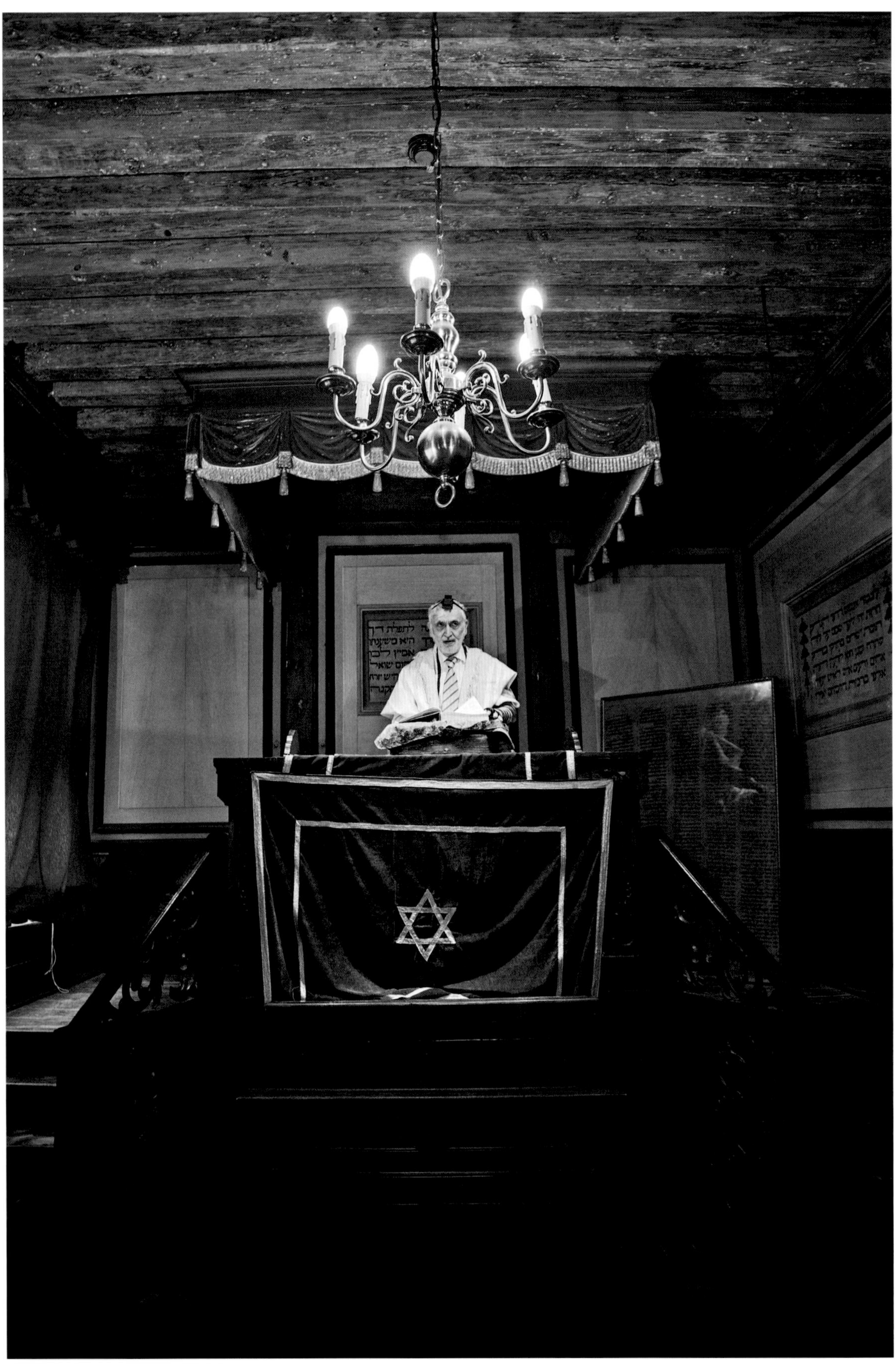

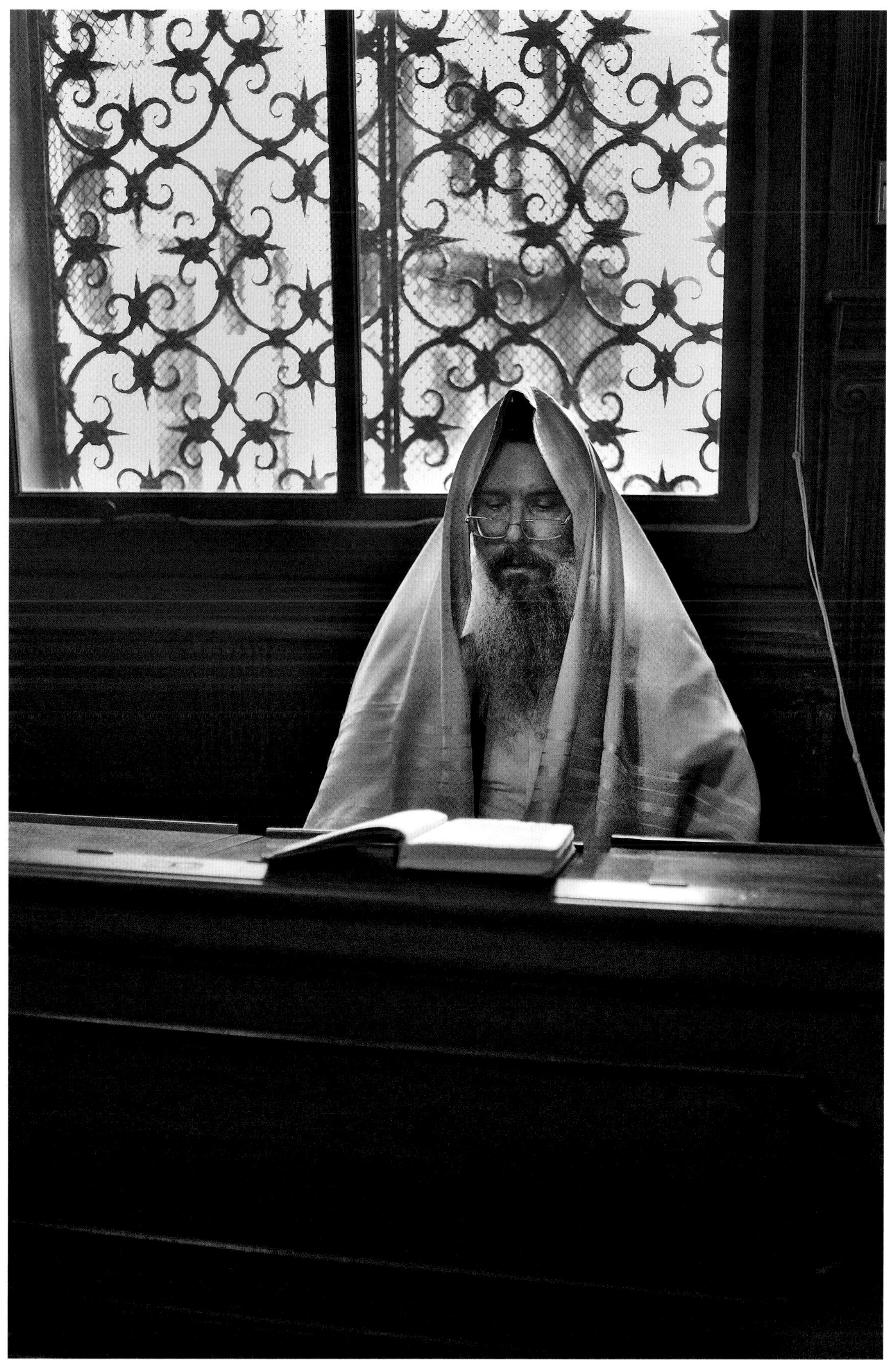

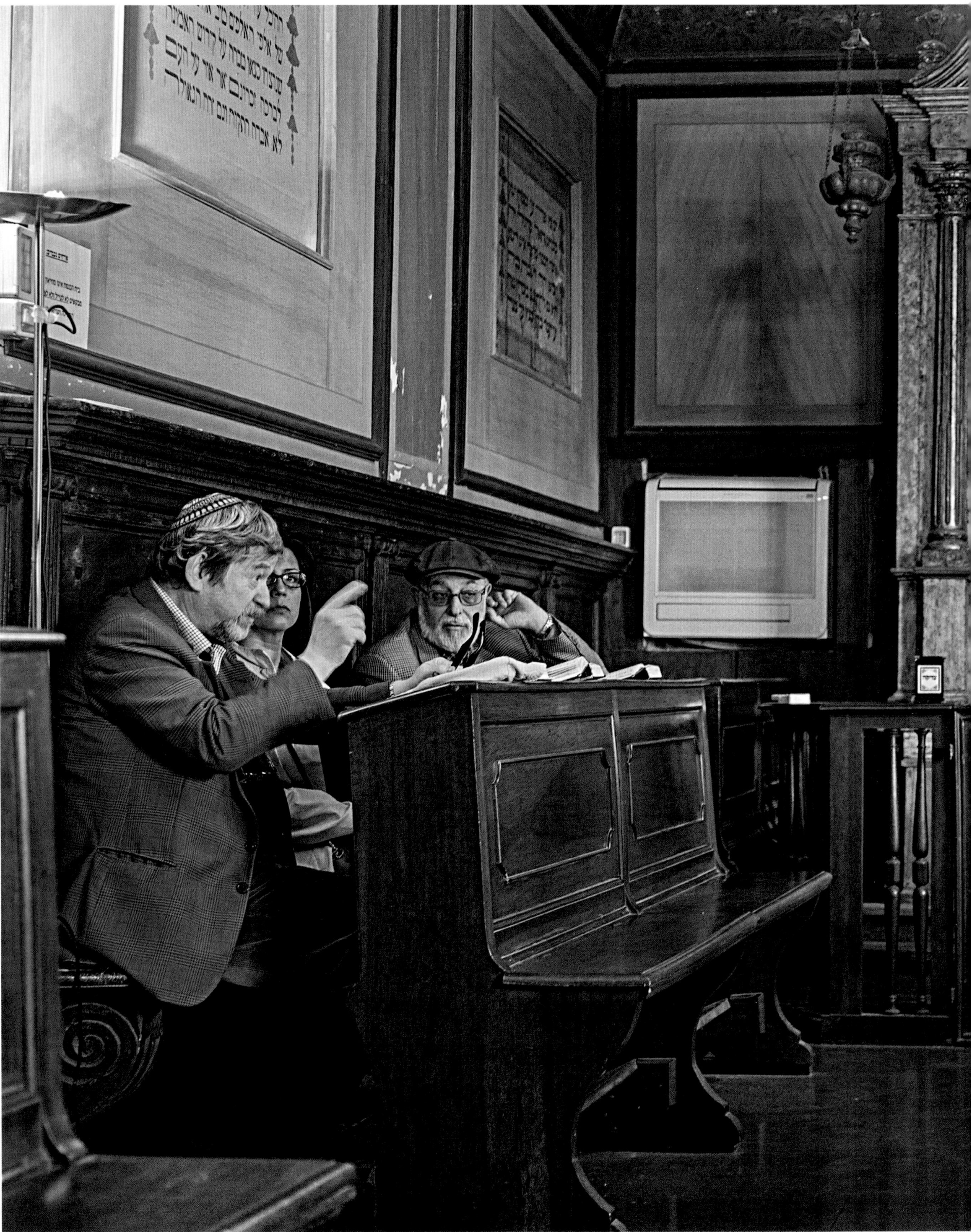

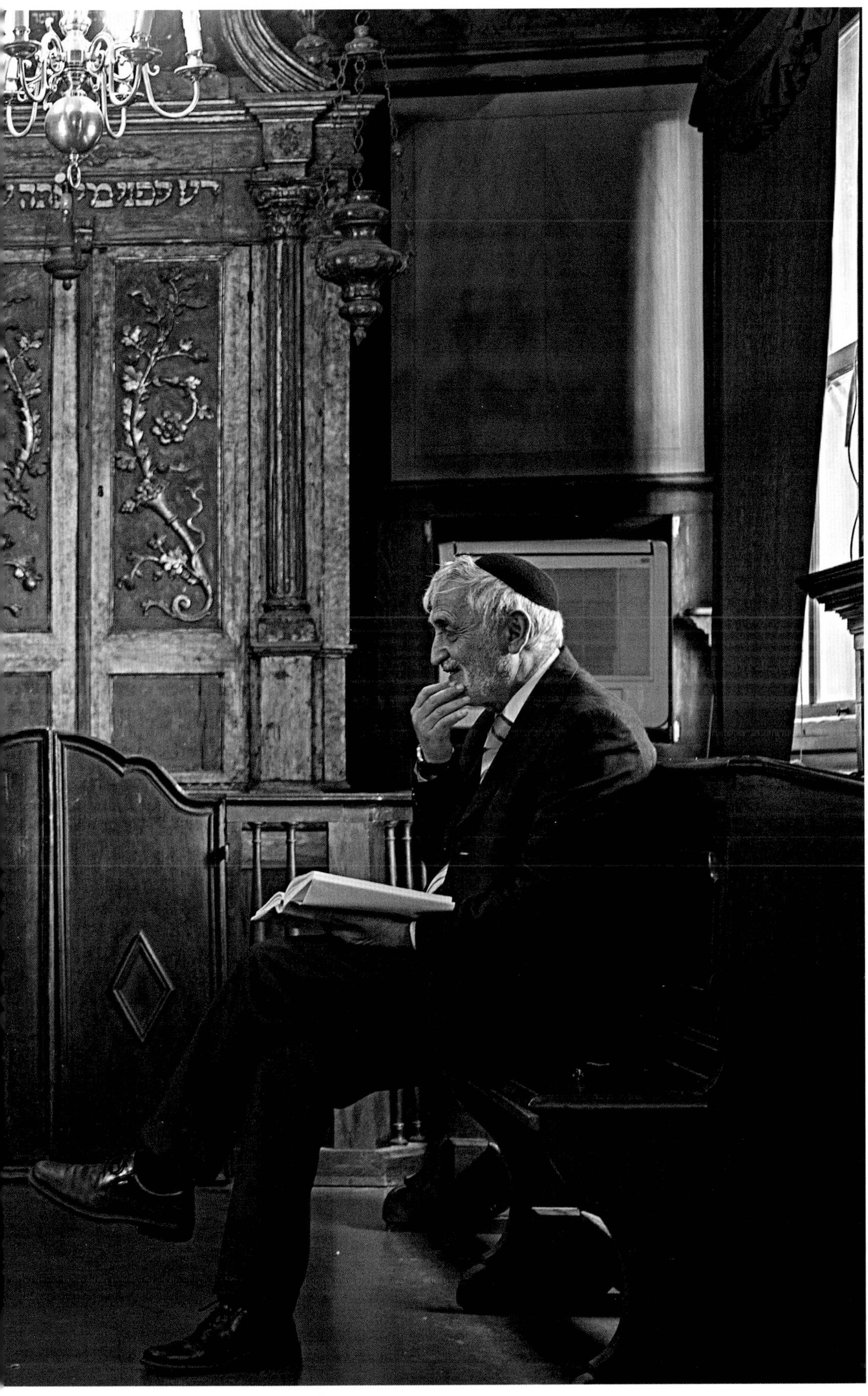

Insegnamento del rabbino
nel Midrash Luzzatto dentro
la sinagoga Levantina
**The rabbi teaching
in the Midrash Luzzatto
of the Levantine Synagogue**

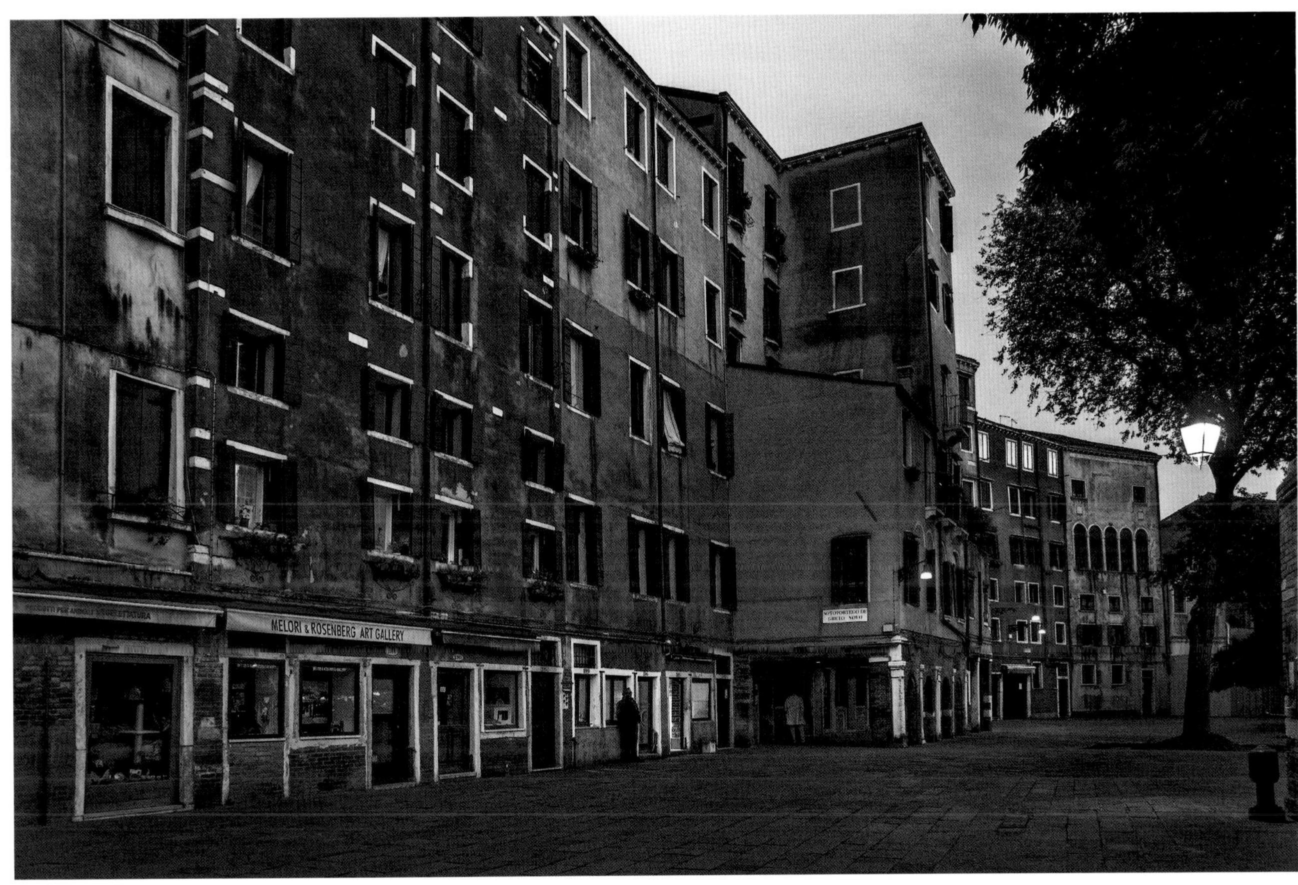

Enrichetta Silva, 102 anni decenti
e sereni, ora vive nella casa di riposo
**Enrichetta Silva, still demure
and serene at the age of 102,
now lives in the old people's home**

Vista al crepuscolo dell'architettura
del campo del Ghetto Nuovo
**View of the architecture of the Campo
del Ghetto Nuovo at dusk**

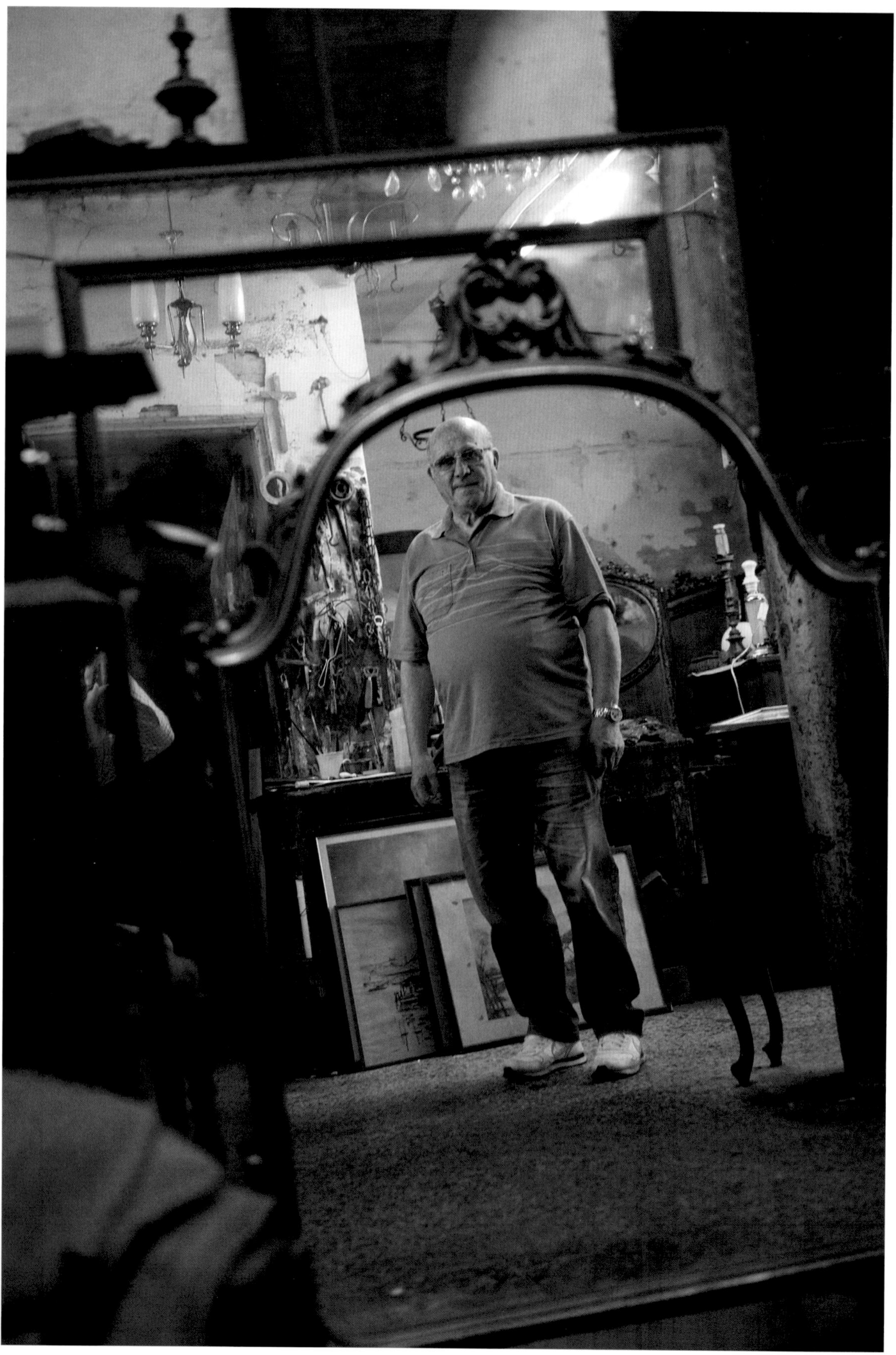

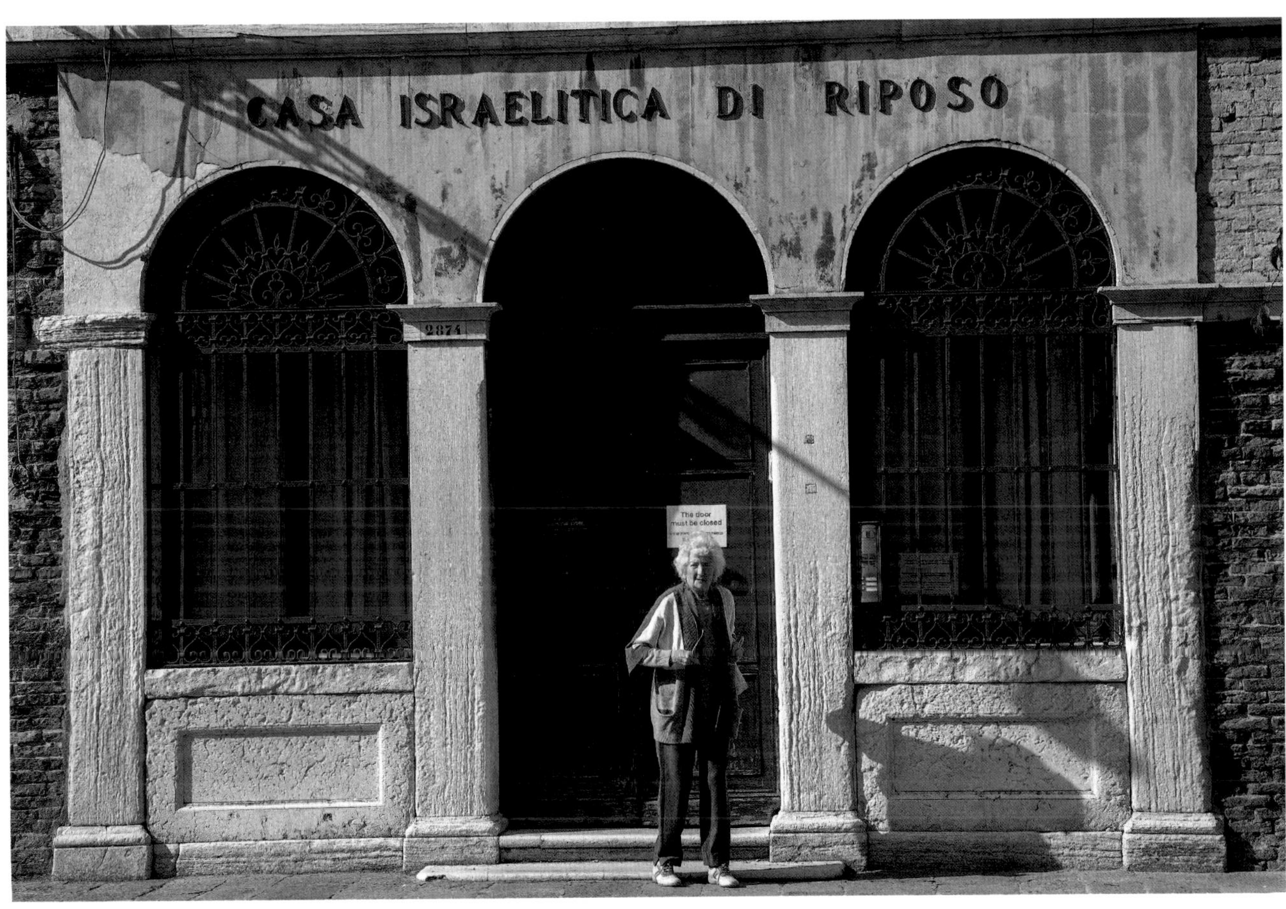

Giancarlo Rossi, restauratore di mobili
Giancarlo Rossi, restorer of furniture

Virginia Gattegno, una delle ospiti della Casa
Israelitica di Riposo in Ghetto Nuovo. I suoi
novantadue anni scintillano di grazia, eleganza
fisica e morale, ironia, dentro le quali avvolge
lucide memorie, anche terribili, che lei racconta
con incantevole, spiritosa leggerezza
**Virginia Gattegno, one of the residents of the
Casa Israelitica di Riposo, the Jewish
old people's home in the Ghetto Nuovo.
At the age of ninety-two, she is still physically
and mentally fit and sparkles with grace and
irony, allowing her to relate her lucid memories,
some of them terrible, with enchanting and
witty lightheartedness**

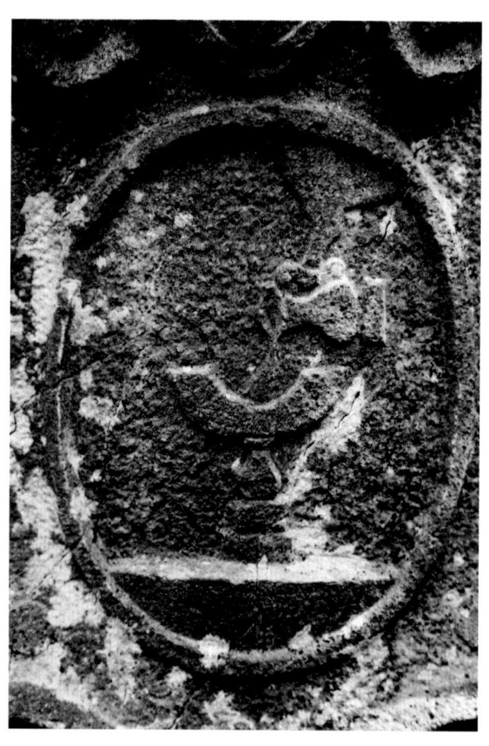

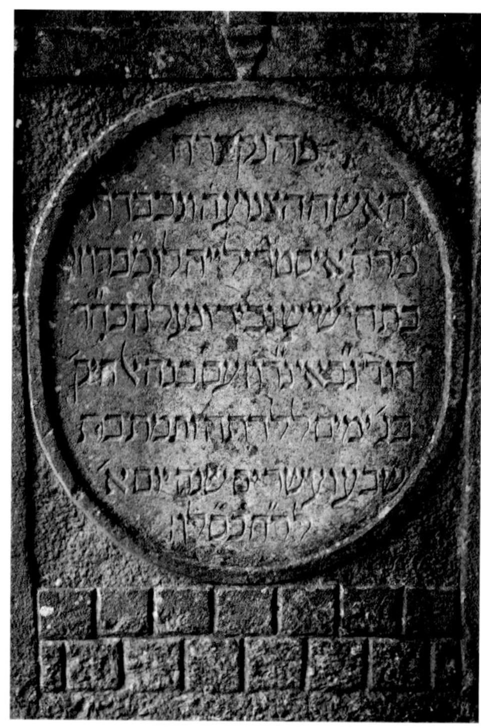

Lapidi ritrovate, restaurate
e ricomposte nel vecchio
cimitero ebraico del Lido
**Rediscovered, restored
and reassembled gravestones
in the old Jewish cemetery
of the Lido**

Aldo Izzo, amorevole
conservatore e magnifico
narratore di quel luogo
di straordinaria suggestione
che è il vecchio cimitero
ebraico al Lido
**Aldo Izzo, loving keeper
and magnificent narrator
of the history of that
extraordinarily evocative
place, the old Jewish
cemetery at the Lido**

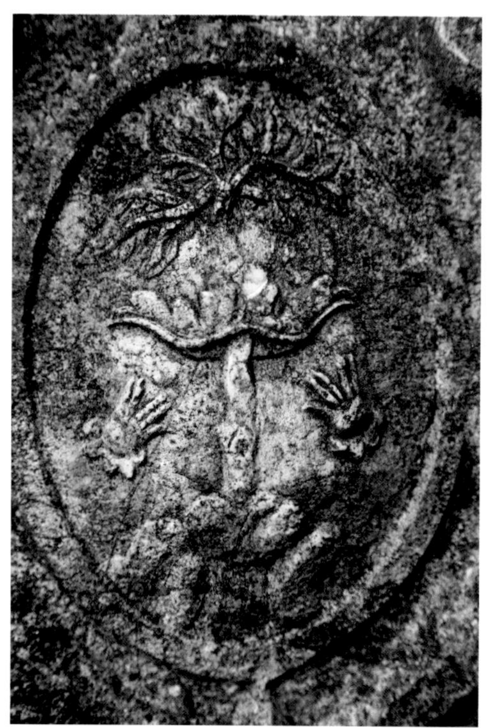

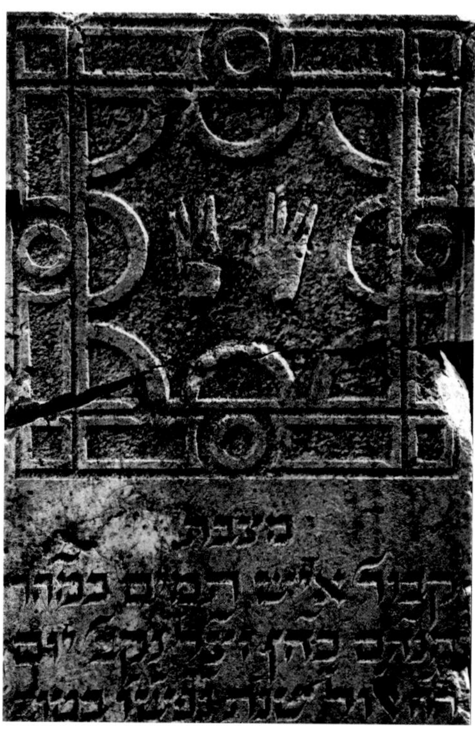

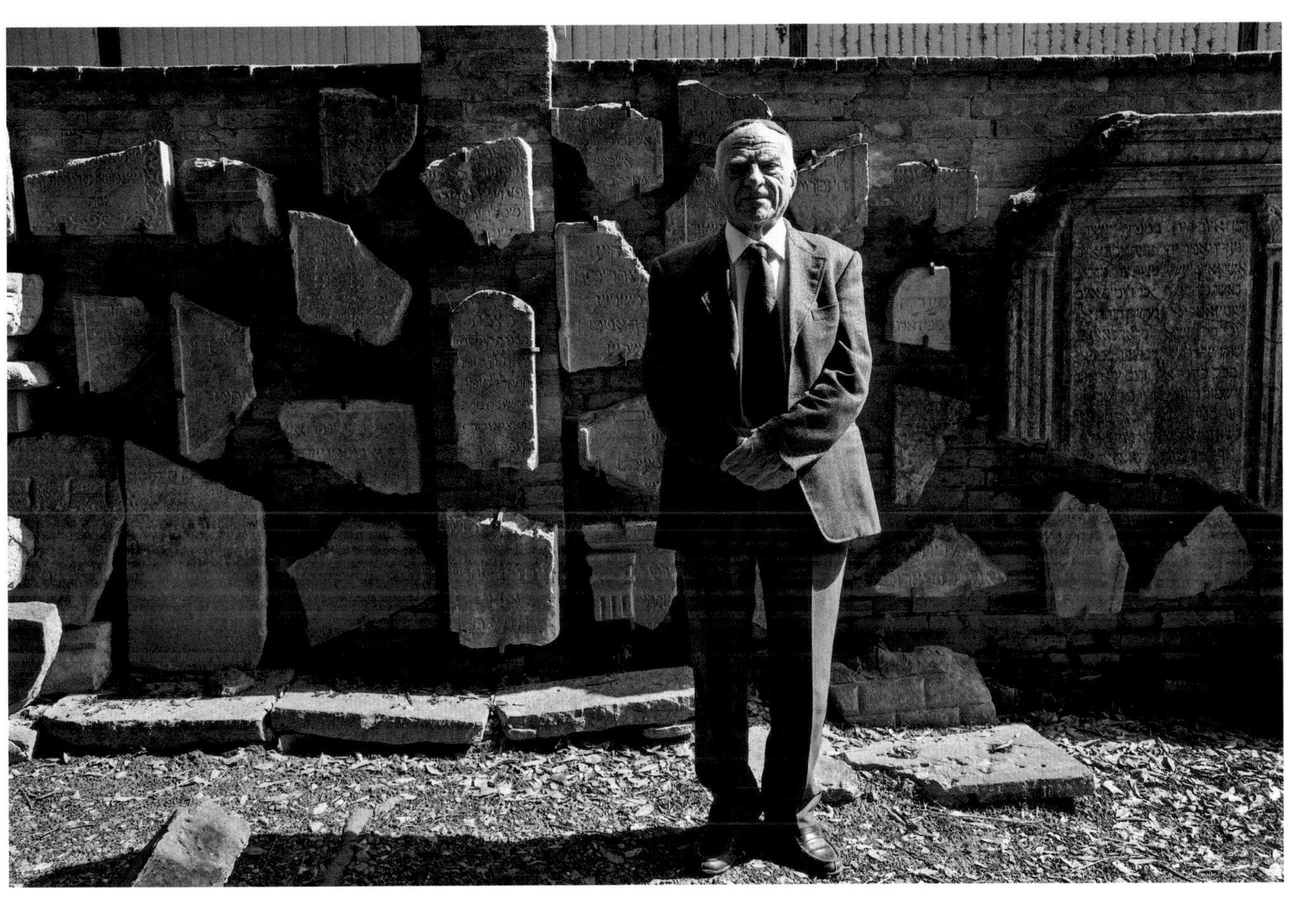

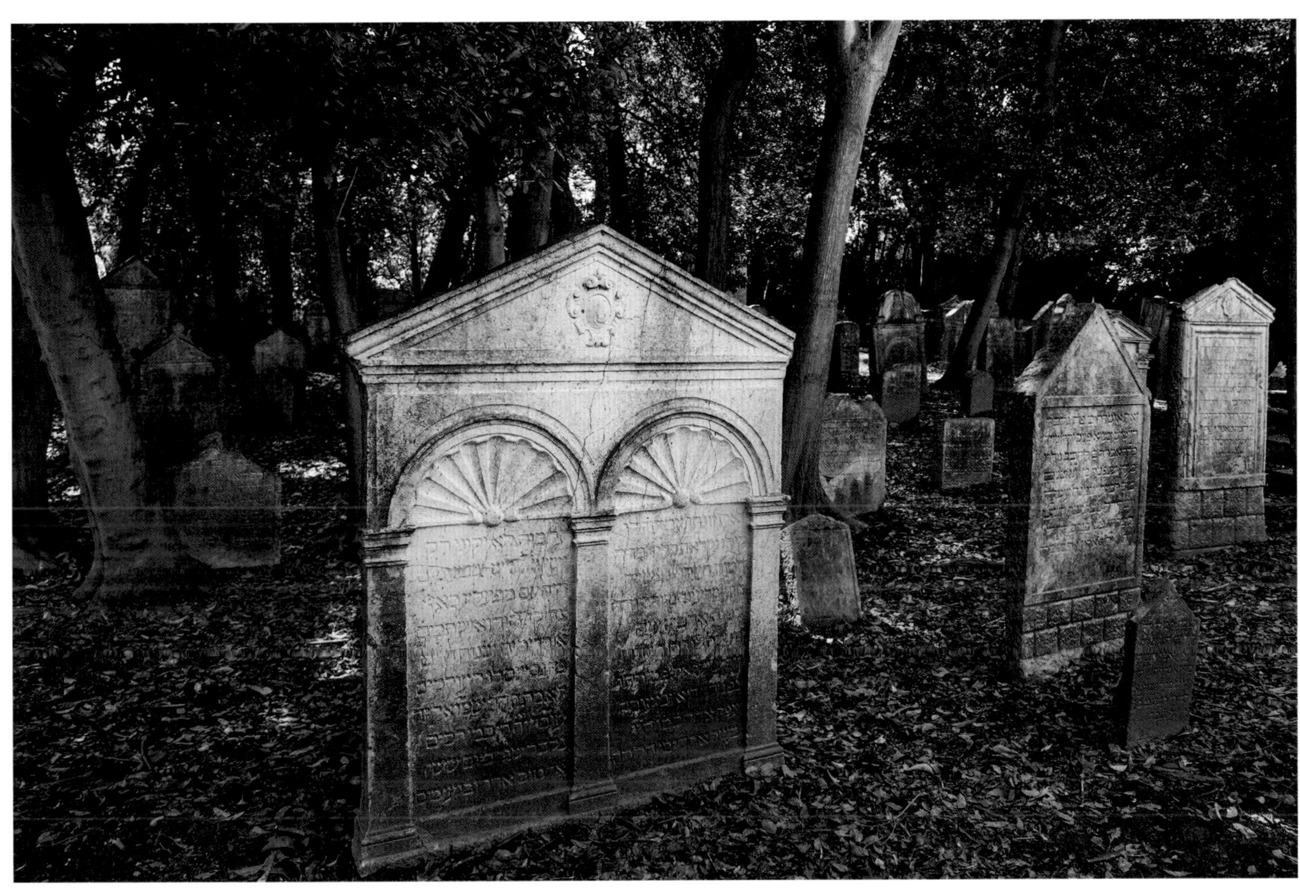

Lapidi ritrovate, restaurate e ricomposte
nel vecchio cimitero ebraico del Lido
**Rediscovered, restored and reassembled
gravestones in the old Jewish cemetery
of the Lido**

Lapidi ritrovate, restaurate e ricomposte
nel vecchio cimitero ebraico del Lido
**Rediscovered, restored and reassembled
gravestones in the old Jewish cemetery
of the Lido**

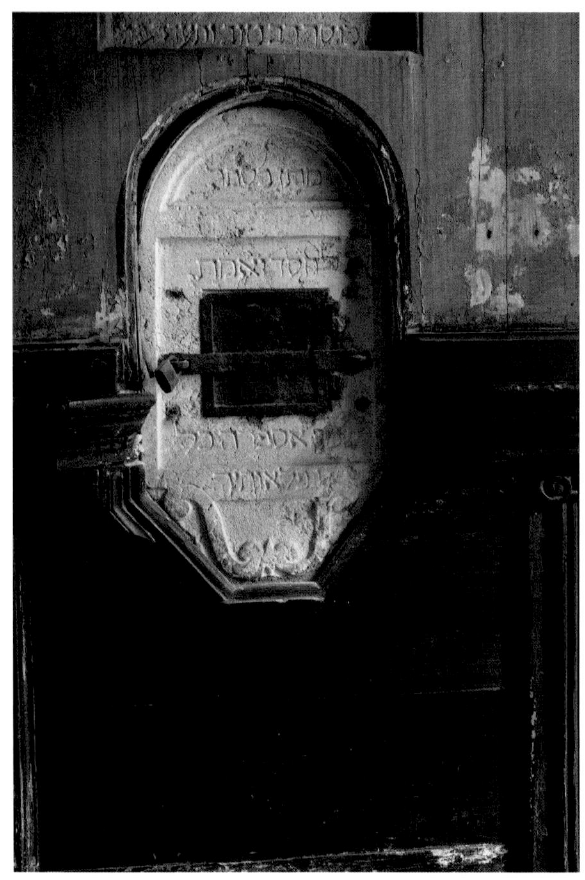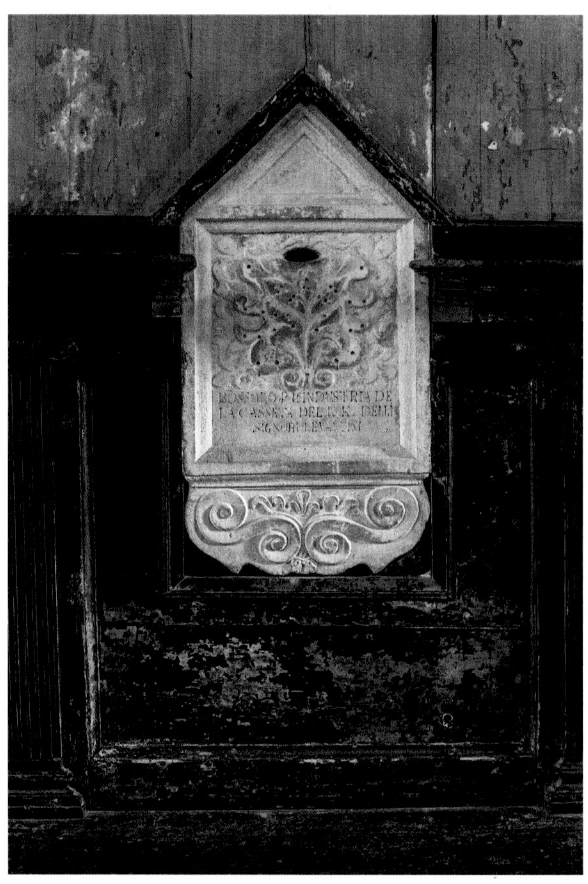

Cassette per l'elemosina
alla Scola Levantina
**Alms boxes
at the Levantine Synagogue**

Nella sinagoga Canton
lo spazio per la Torah
**The space for the Torah
in the Canton Synagogue**

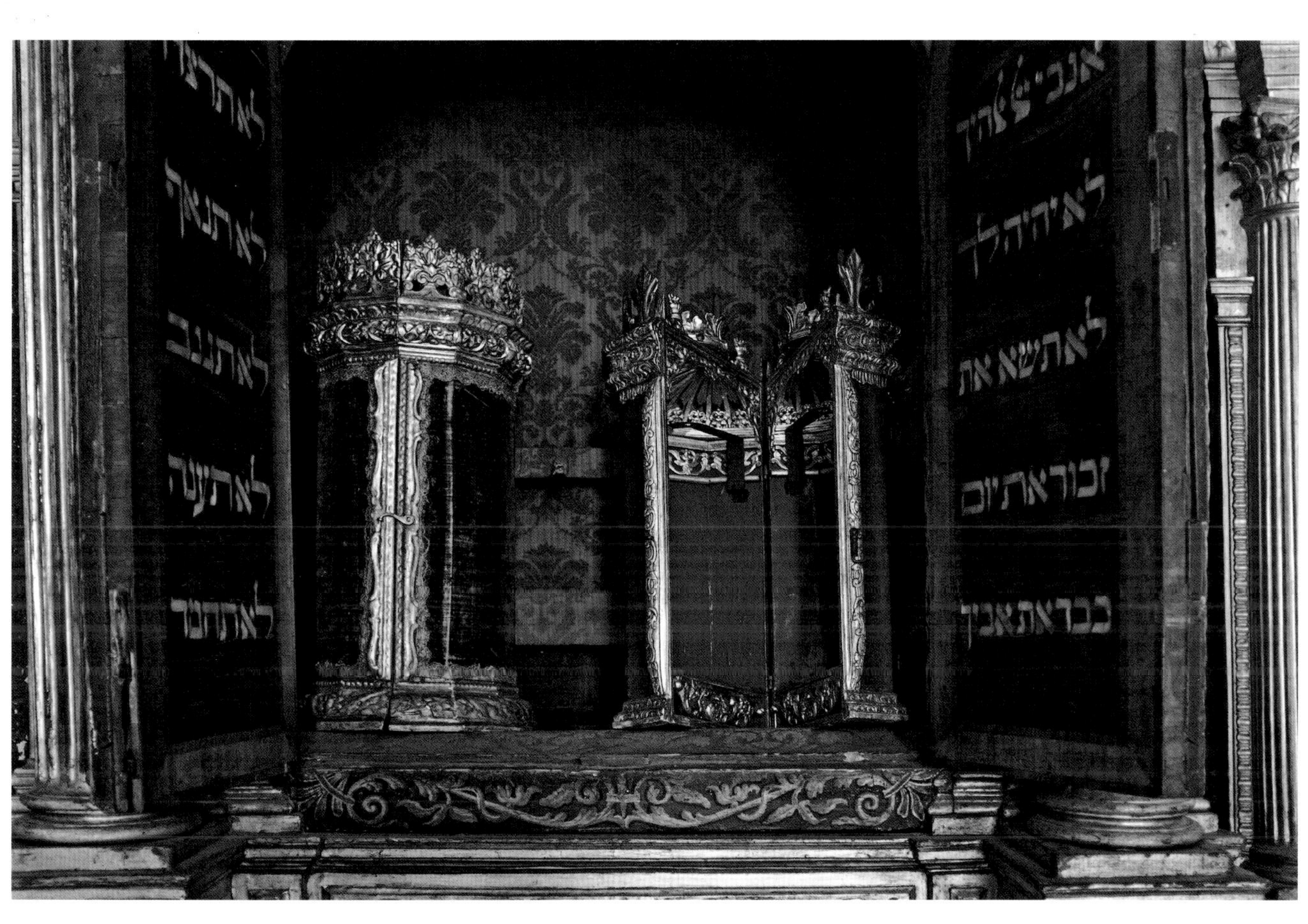

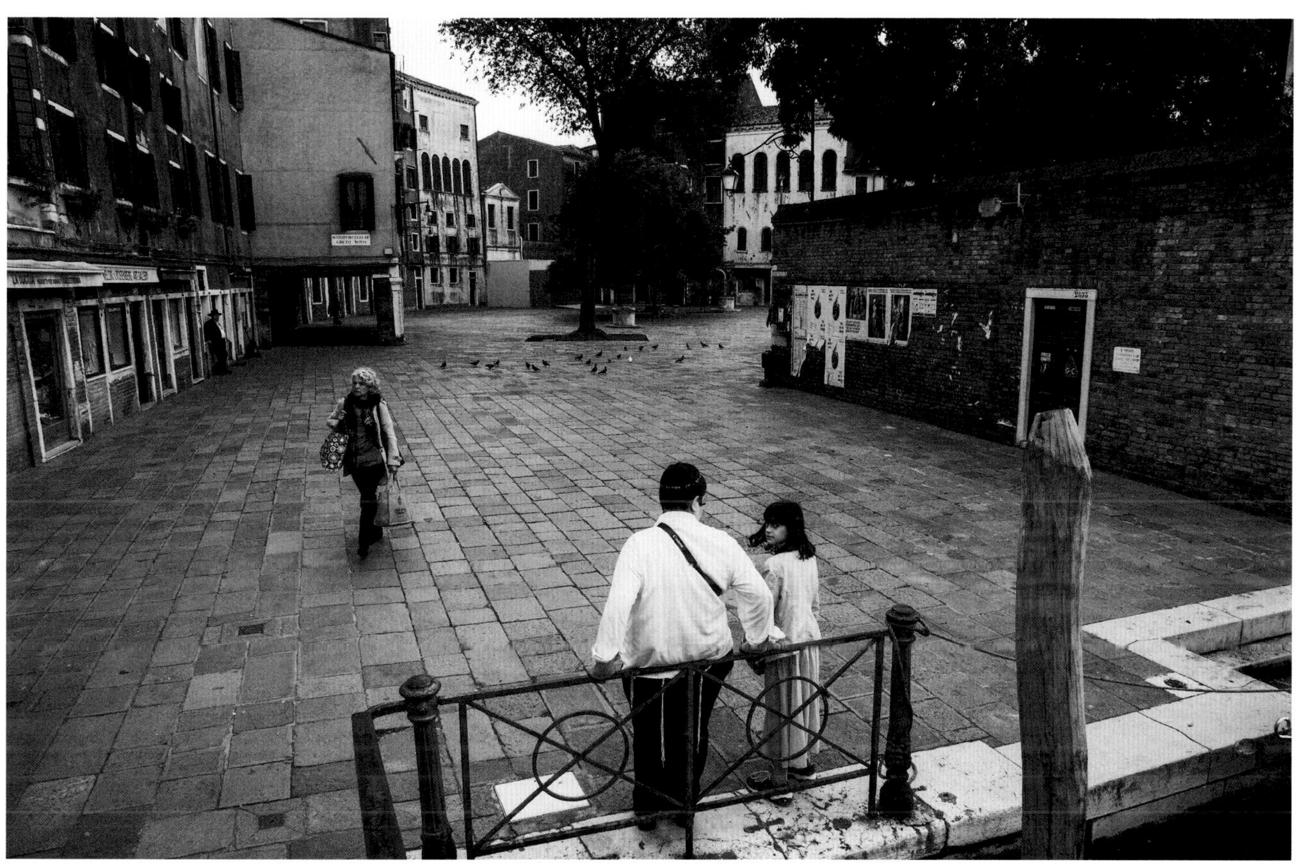

Un punto di vista del campo
dal ponte del Ghetto Nuovo
**A view of the campo from
the Ponte del Ghetto Nuovo**

Tre pietre d'inciampo.
Così vengono chiamate delle mattonelle
in ottone che si incontrano davanti
all'ultima residenza nota dei deportati.
Nella pavimentazione del Ghetto sono
incise memorie dei terribili destini delle
persone che rastrellate dai nazisti nella
Seconda guerra mondiale conclusero la
loro tragica vita nei forni del campo di
sterminio di Auschwitz
**Three stolpersteins or "stumbling
stones." This is the name given to the
brass plates located in front of the last-
known residence of deportees. Set in the
paving of the Ghetto, they commemorate
the terrible fate met by the people
who were rounded up by the Nazis
during the Second World War and who
ended their tragic lives in the gas
chambers of the Auschwitz death camp**

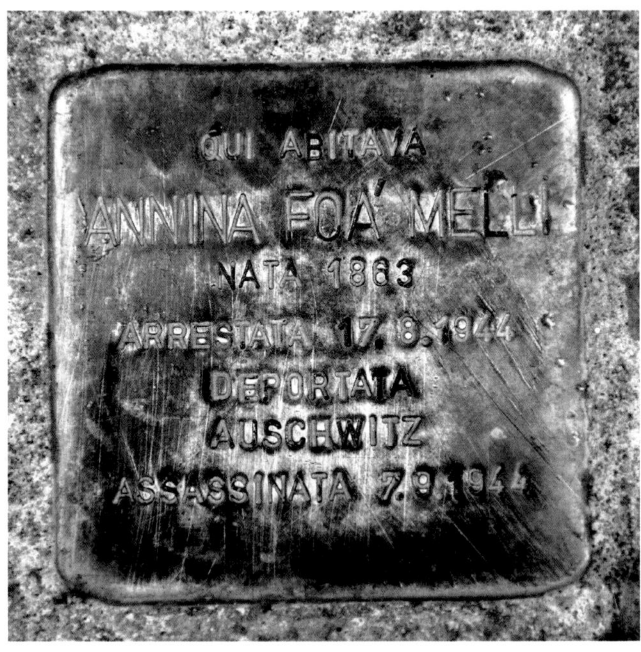

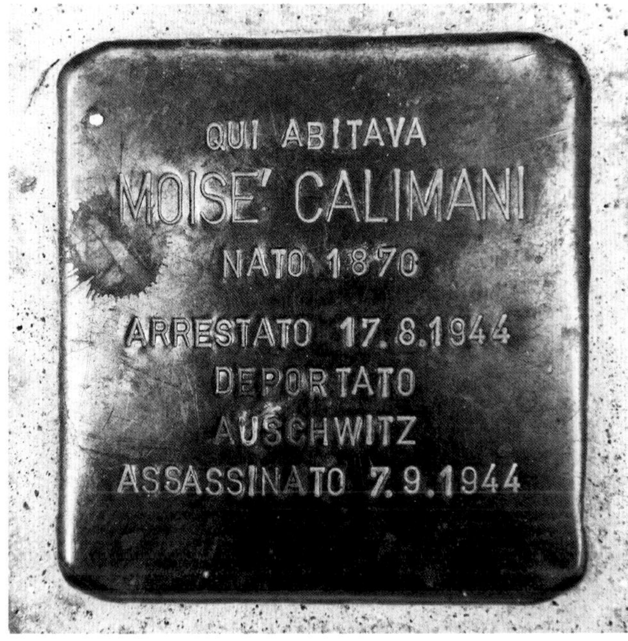

QUI ABITAVA
MOISE' CALIMANI
NATO 1870
ARRESTATO 17.8.1944
DEPORTATO
AUSCHWITZ
ASSASSINATO 7.9.1944

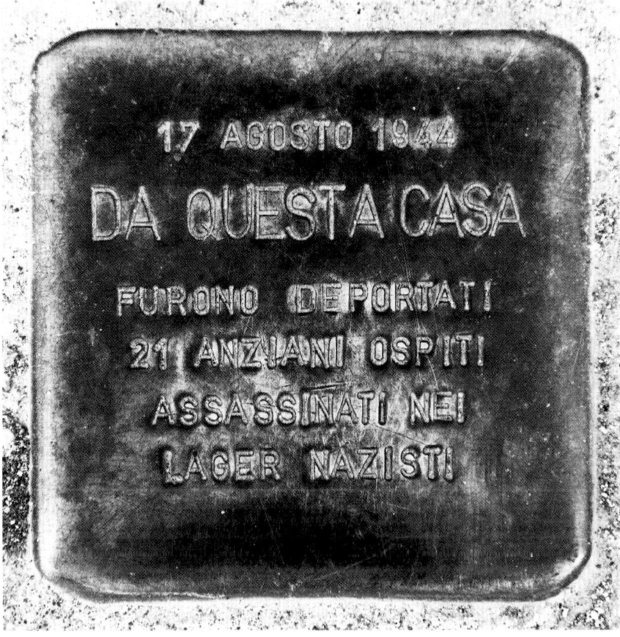

17 AGOSTO 1944
DA QUESTA CASA
FURONO DEPORTATI
211 ANZIANI OSPITI
ASSASSINATI NEI
LAGER NAZISTI

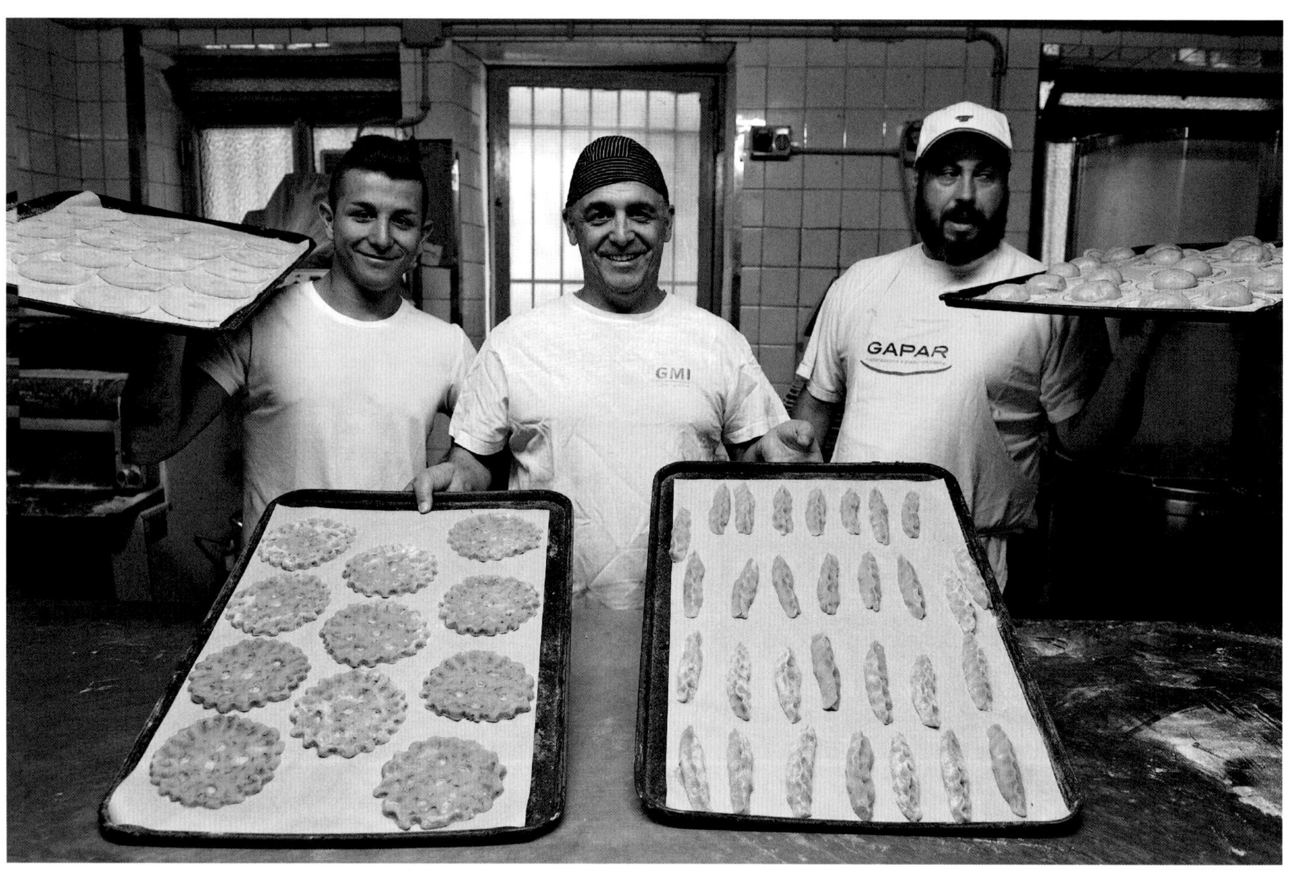

Il panettiere kosher Davide Volpe
e i suoi assistenti Niccolò Volpe
e Manuel Zuecca
**The kosher baker Davide Volpe
and his assistants Niccolò Volpe
and Manuel Zuecca**

Visita di una scolaresca
al Museo Ebraico
**School visit
to the Jewish Museum**

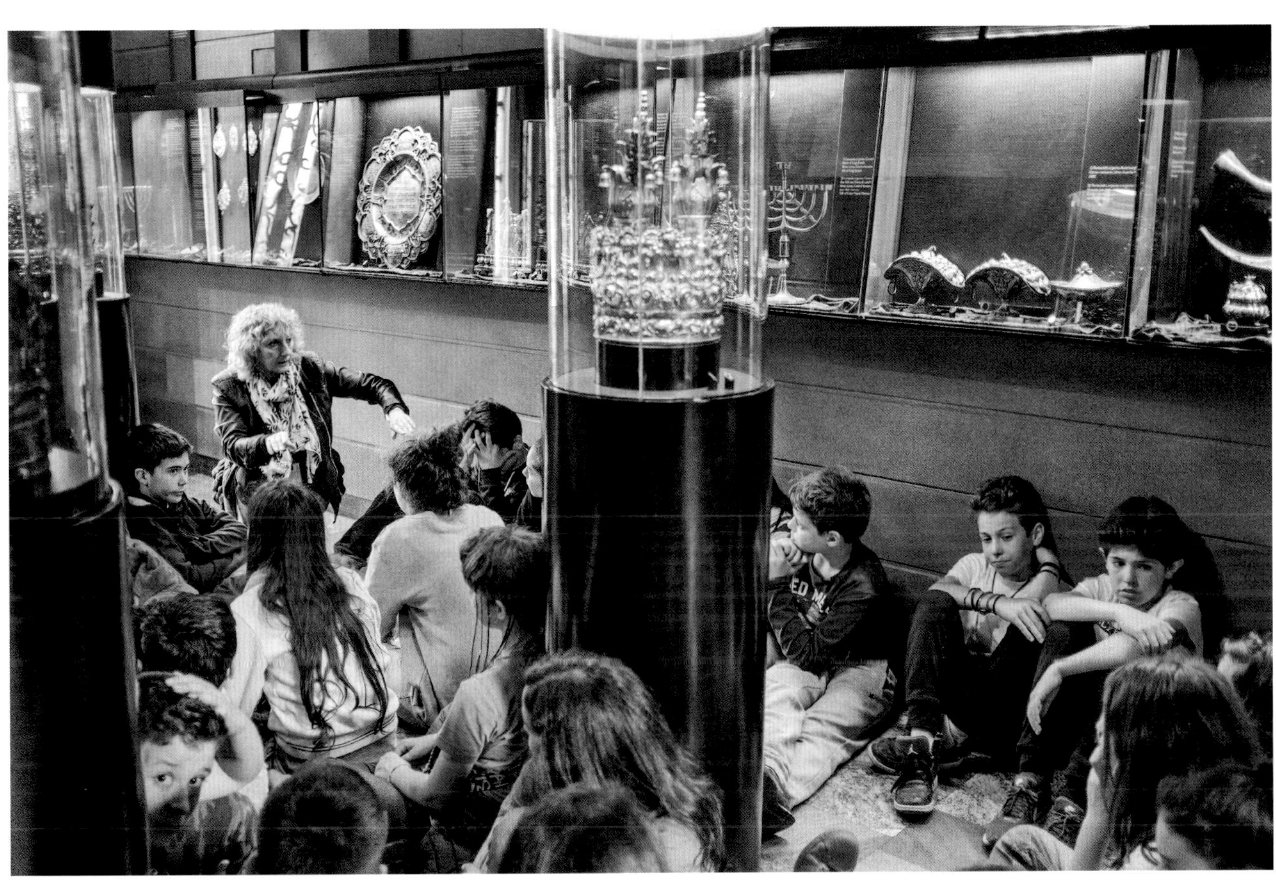

La direttrice del Museo Ebraico,
Marcella Ansaldi. Il museo,
molto affascinante e in attesa
di ristrutturazione è meta
costante di visitatori e scolaresche
**The director of the Jewish Museum,
Marcella Ansaldi. The fascinating
museum, now awaiting renovation,
attracts a constant stream of visitors
and students**

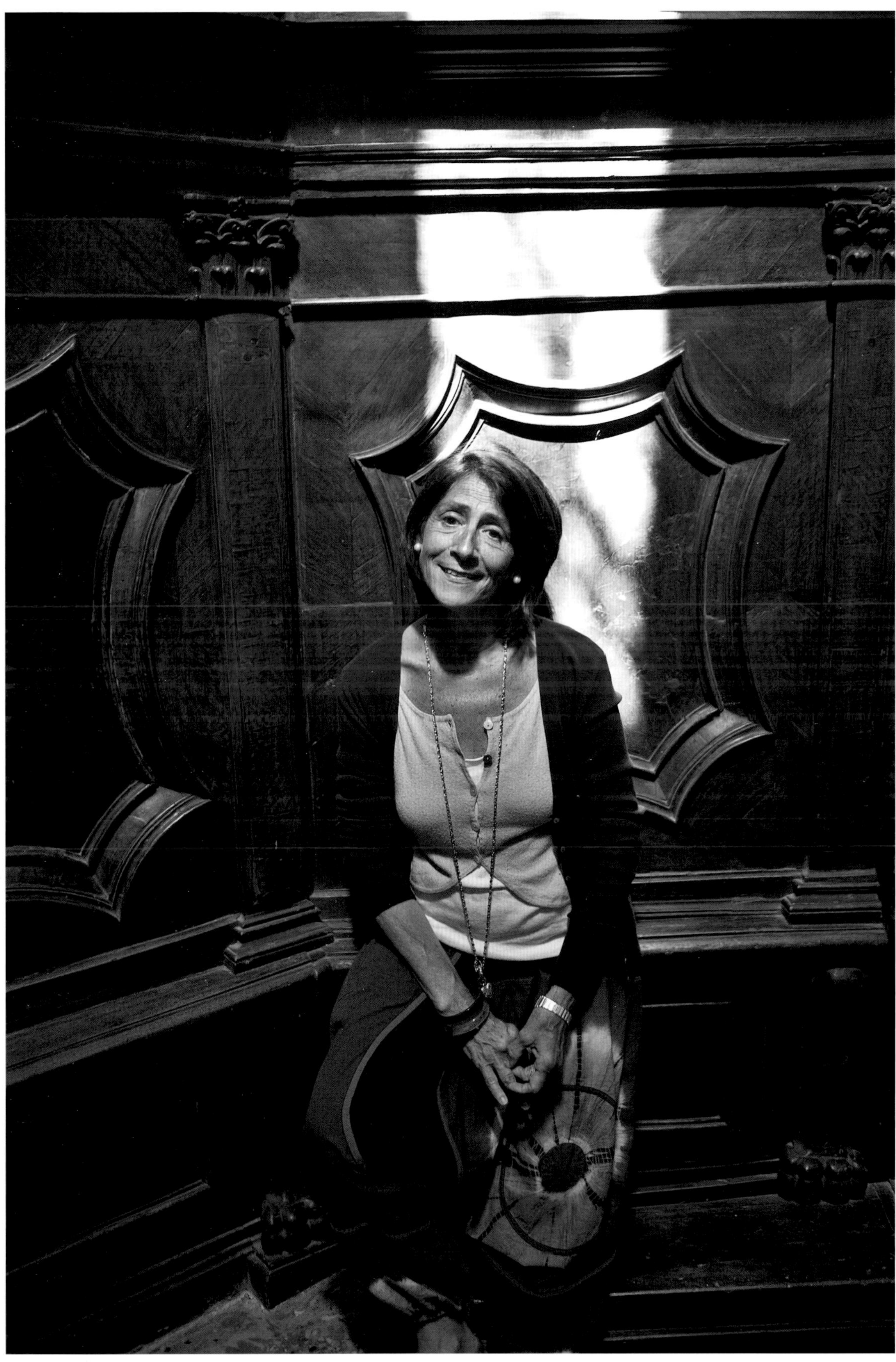

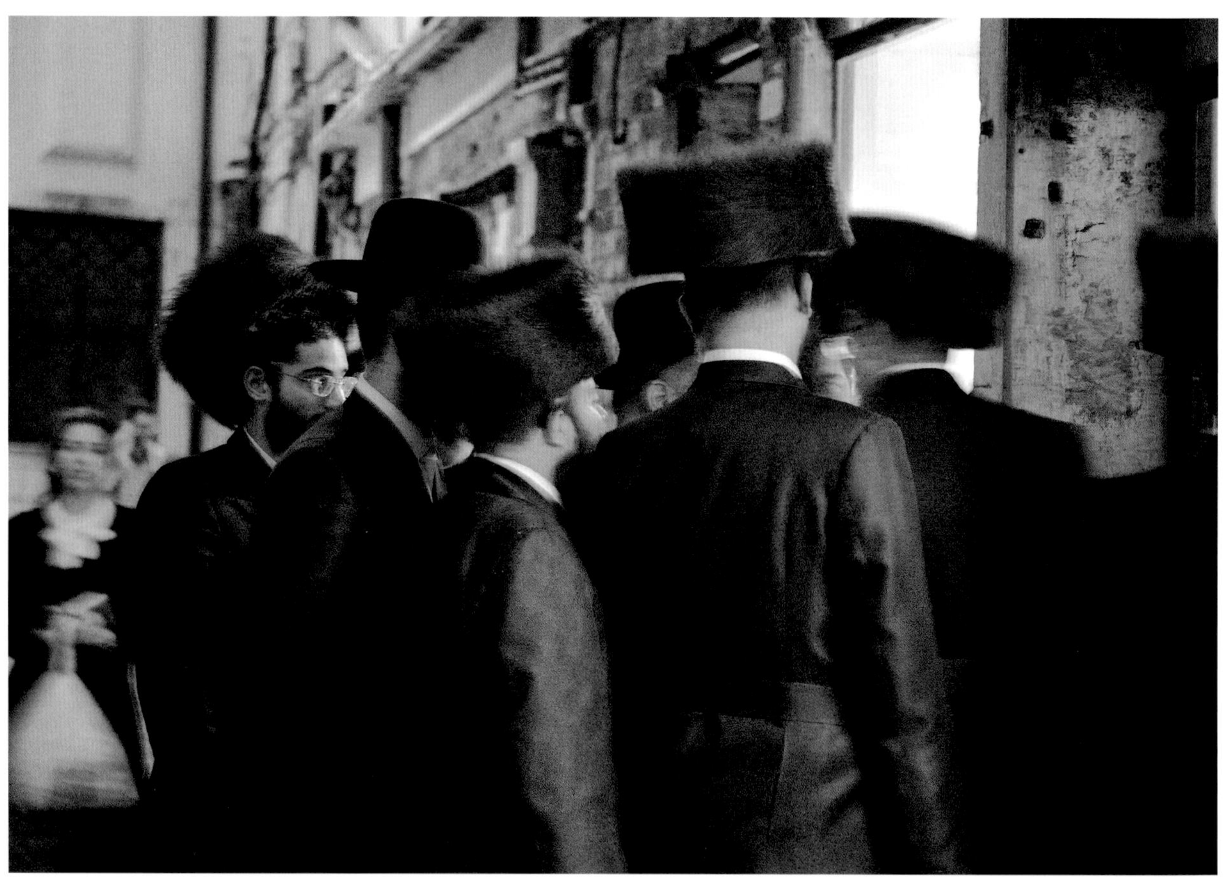

Partecipanti alla cerimonia di Shabbat
della Comunità Chabad-Lubavitch verso
la cena sabbatica
**Participants in the Shabbat ceremony
of the Chabad-Lubavitch Community
heading for the Shabbat supper**

Preghiera del mattino
nella sede del gruppo Chabad-Lubavitch
**Morning prayer at the seat
of the Chabad-Lubavitch movement**

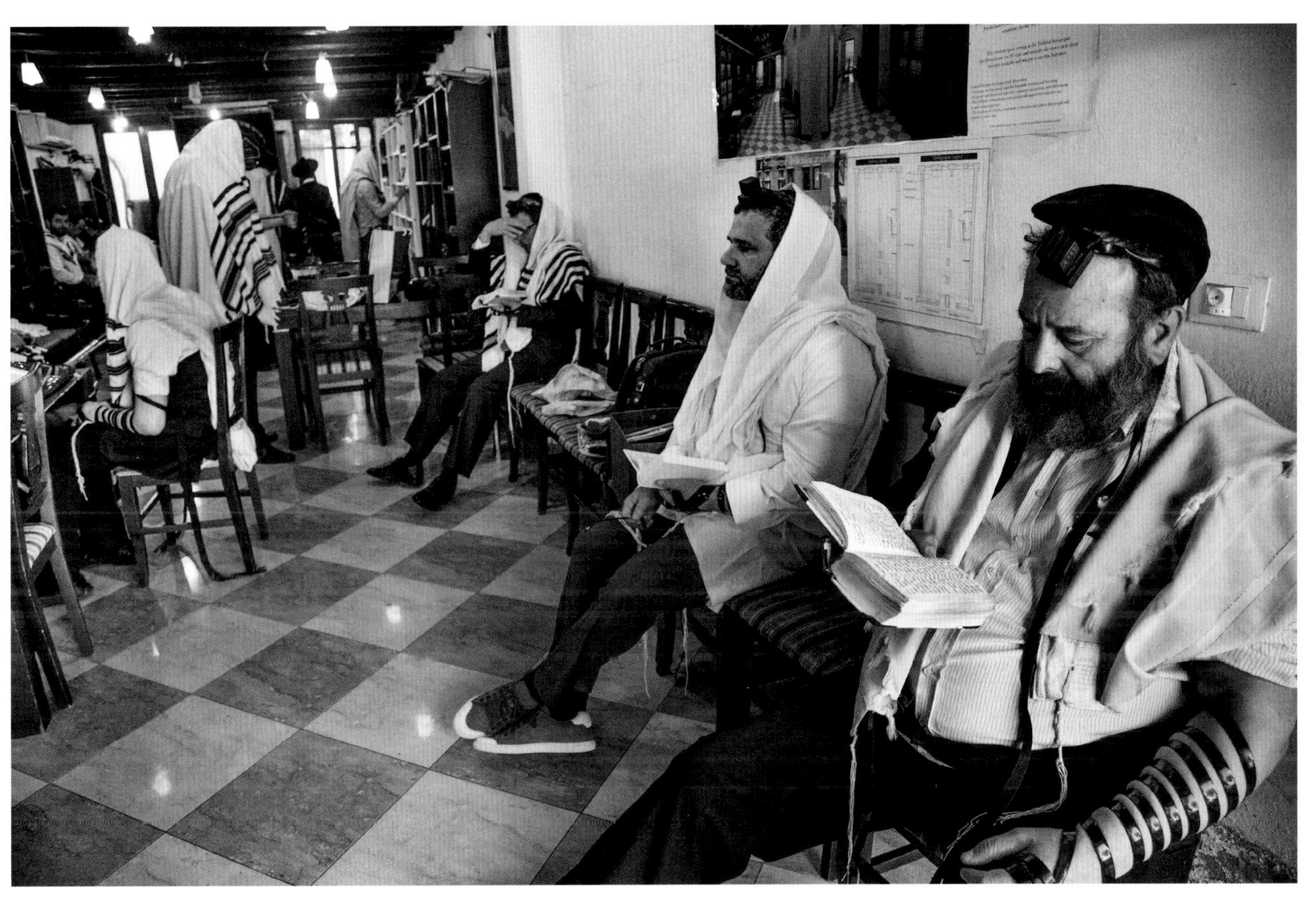

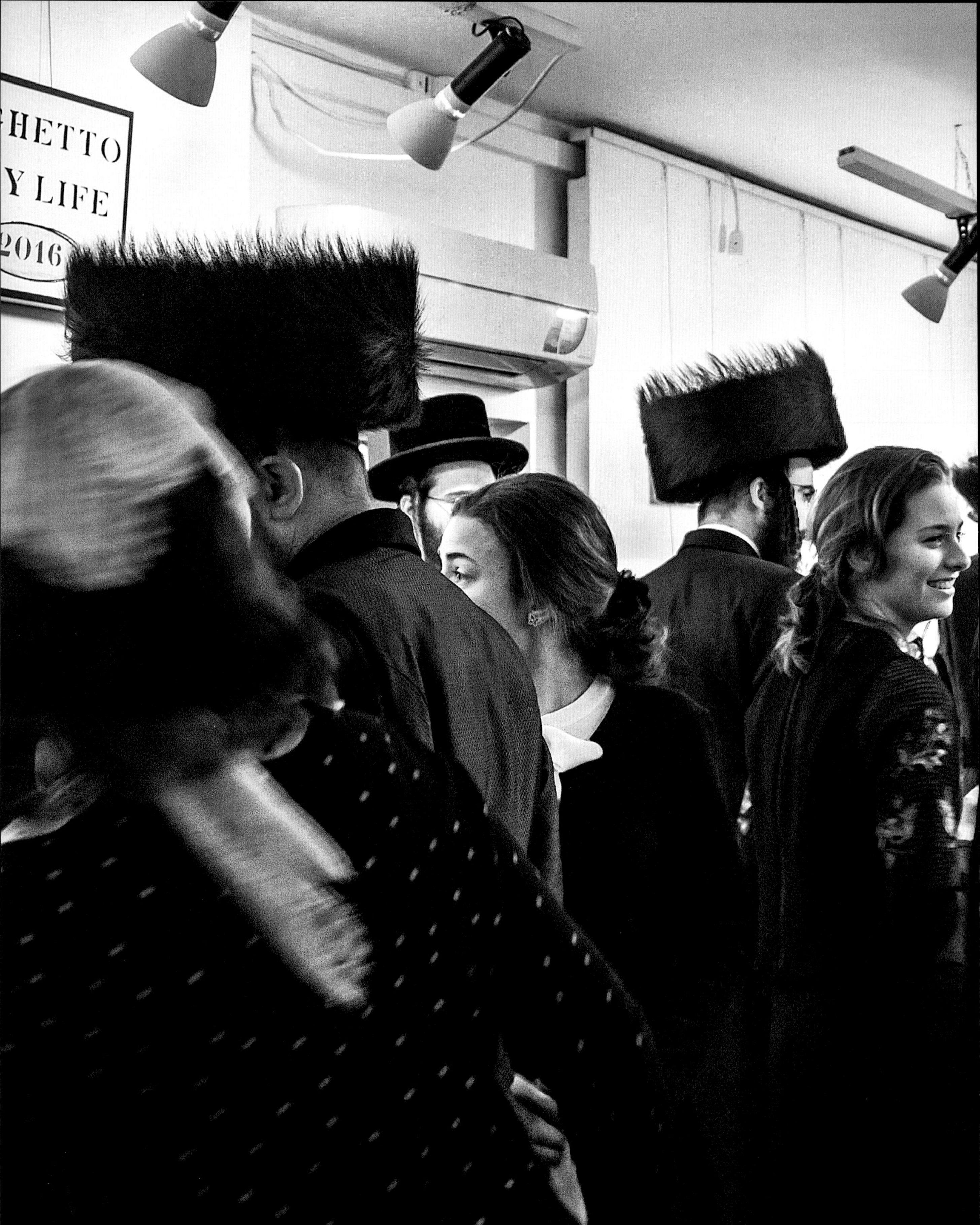
HETTO
Y LIFE
2016

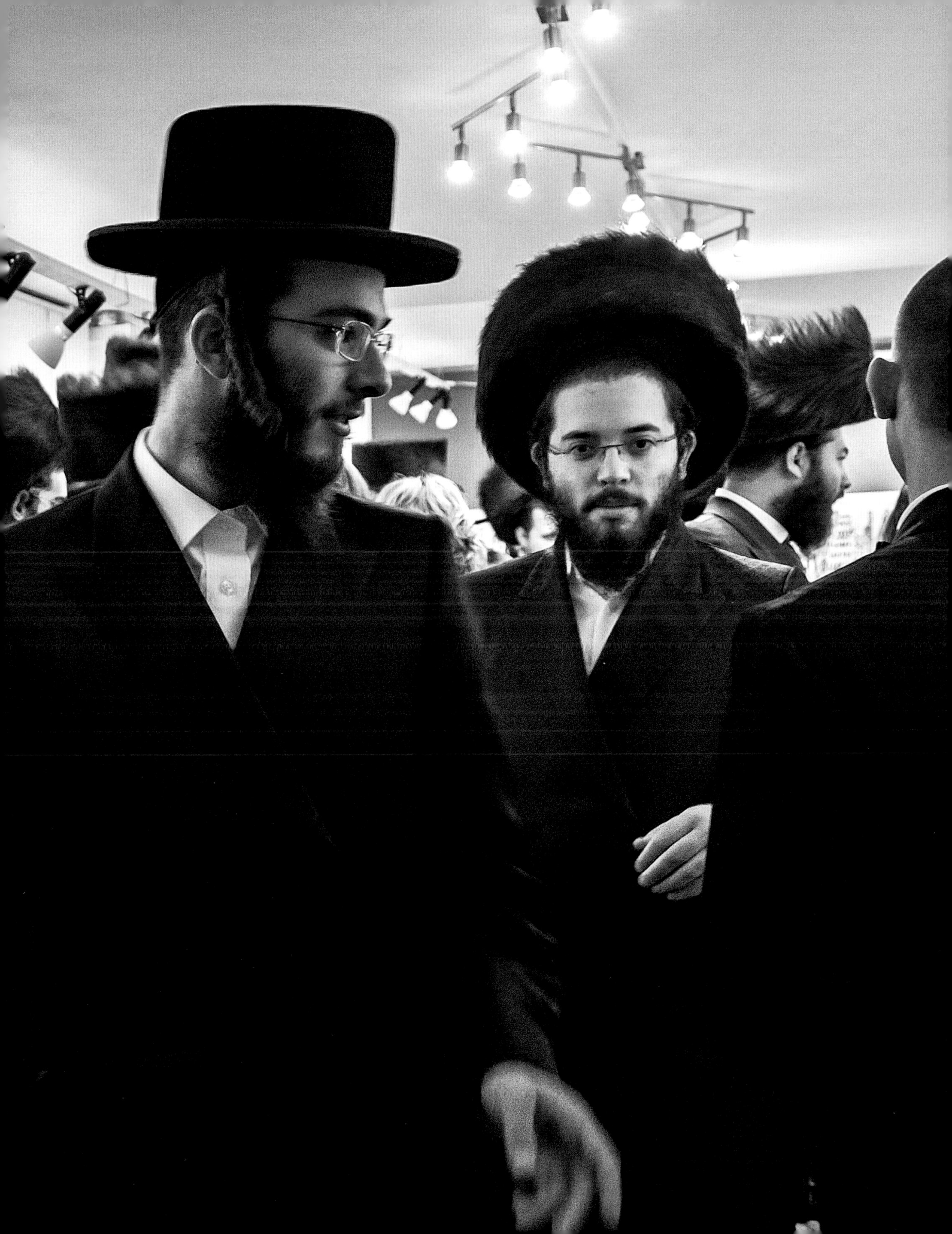

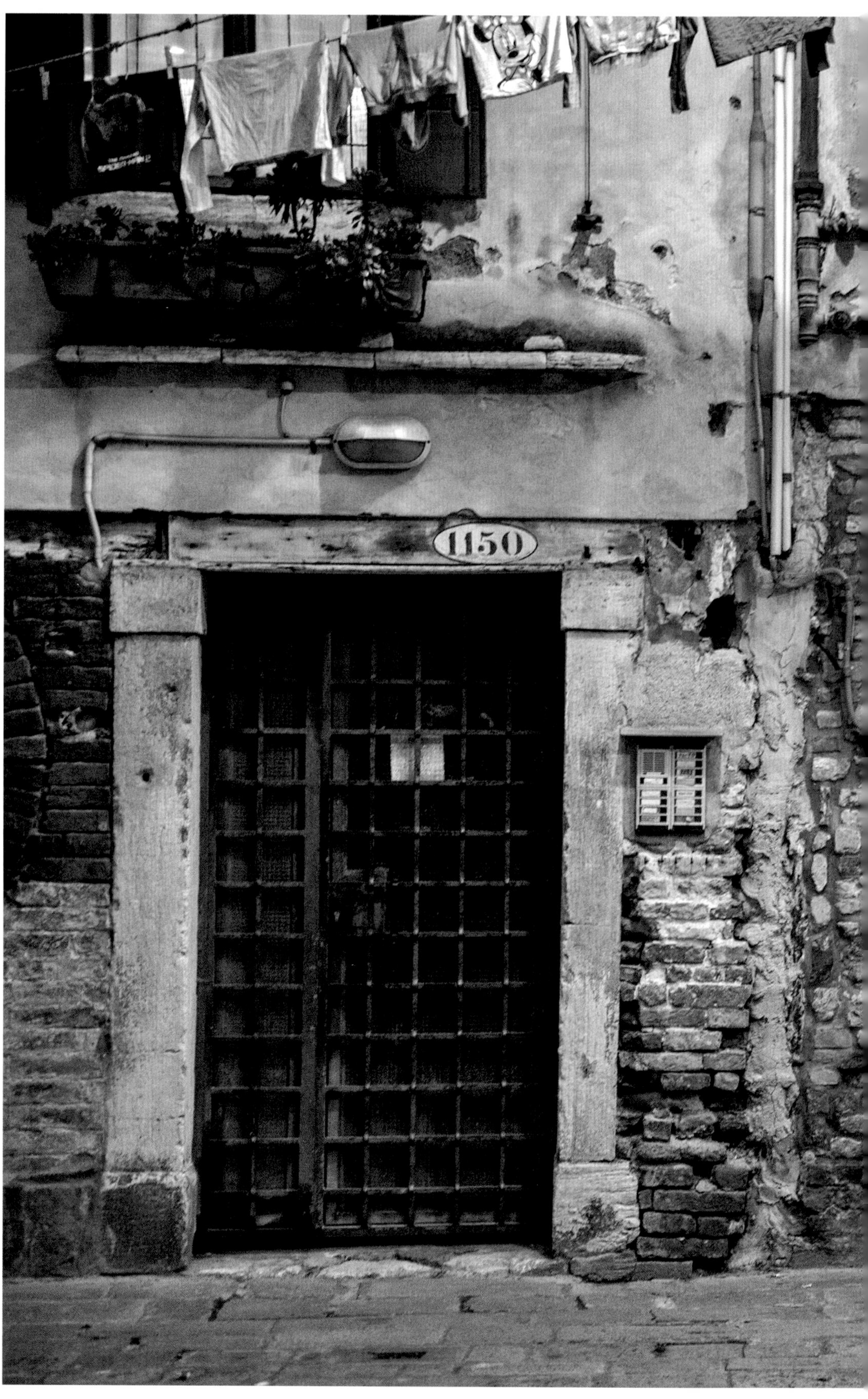

alle pagine precedenti
Partecipanti alla cerimonia
di Shabbat nella sinagoga
Spagnola si avviano
alla cena rituale
previous pages
**Participants in the Shabbat
ceremony at the Spanish
Synagogue head, after the
ritual, for the festive meal**

Vecchio fedele
davanti alla sinagoga
**An old man of faith
in front of the synagogue**

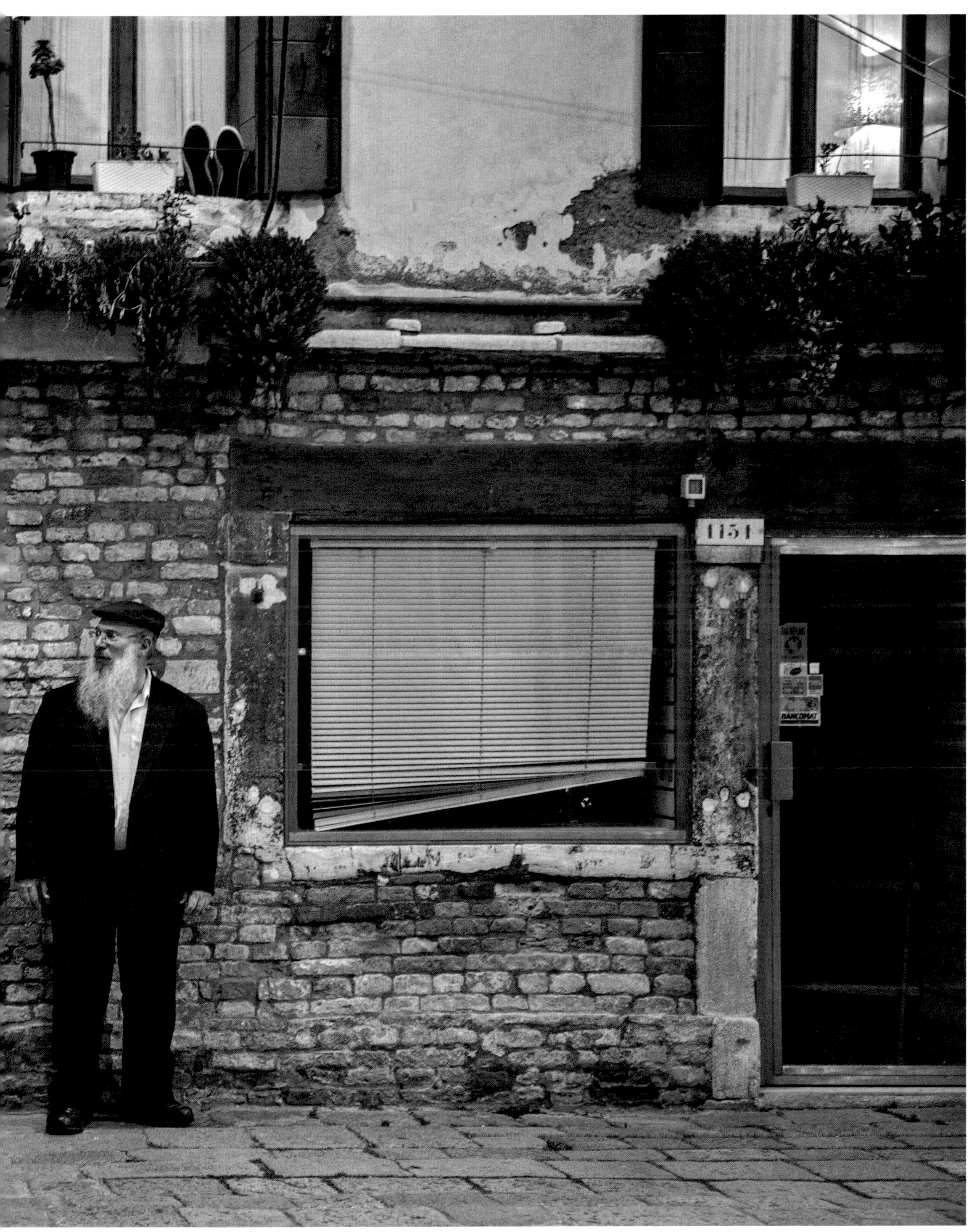
1151
BANCOMAT

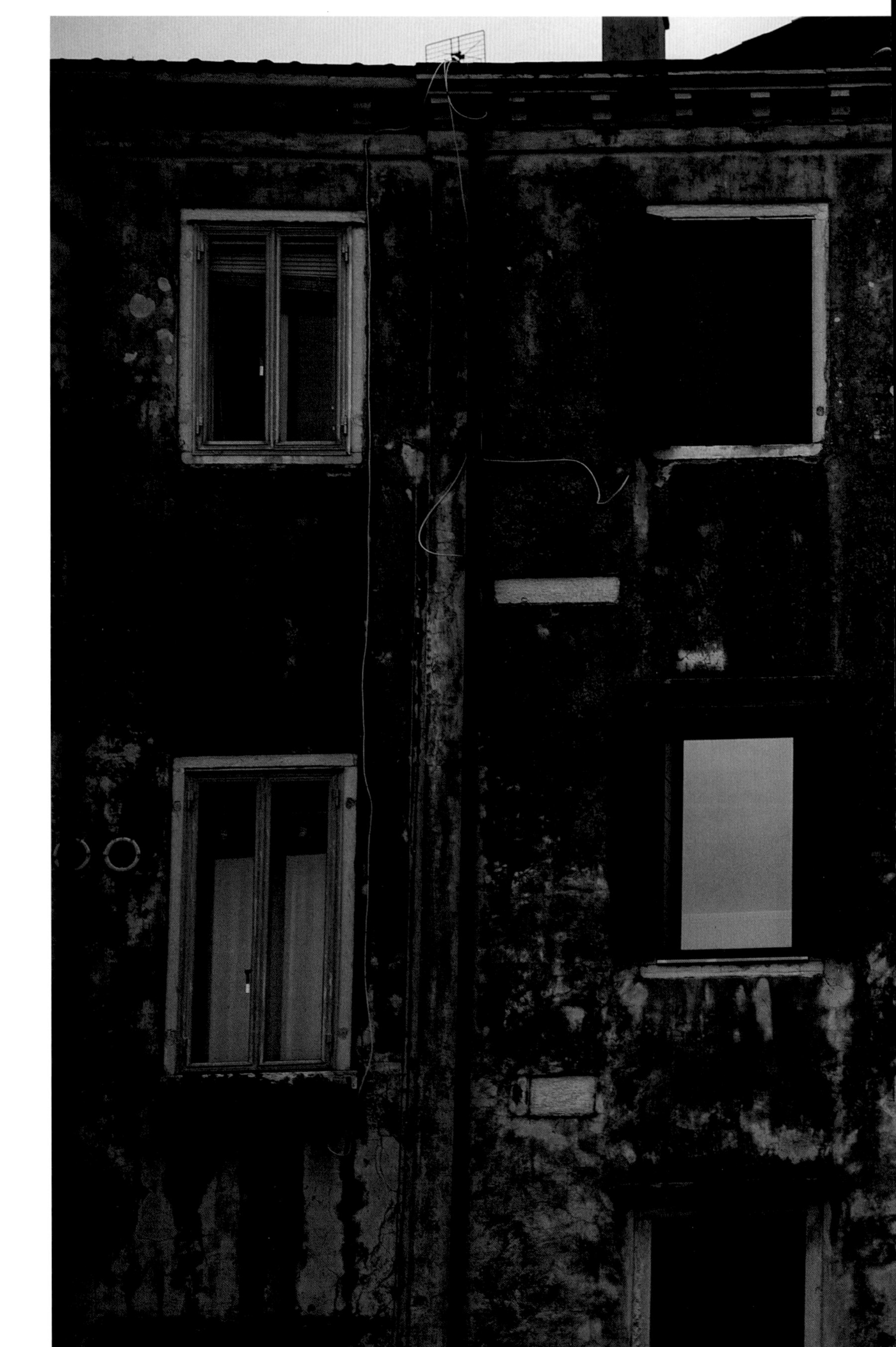

Meditazione notturna
in Ghetto Nuovo
**Nocturnal meditation
in the Ghetto Nuovo**

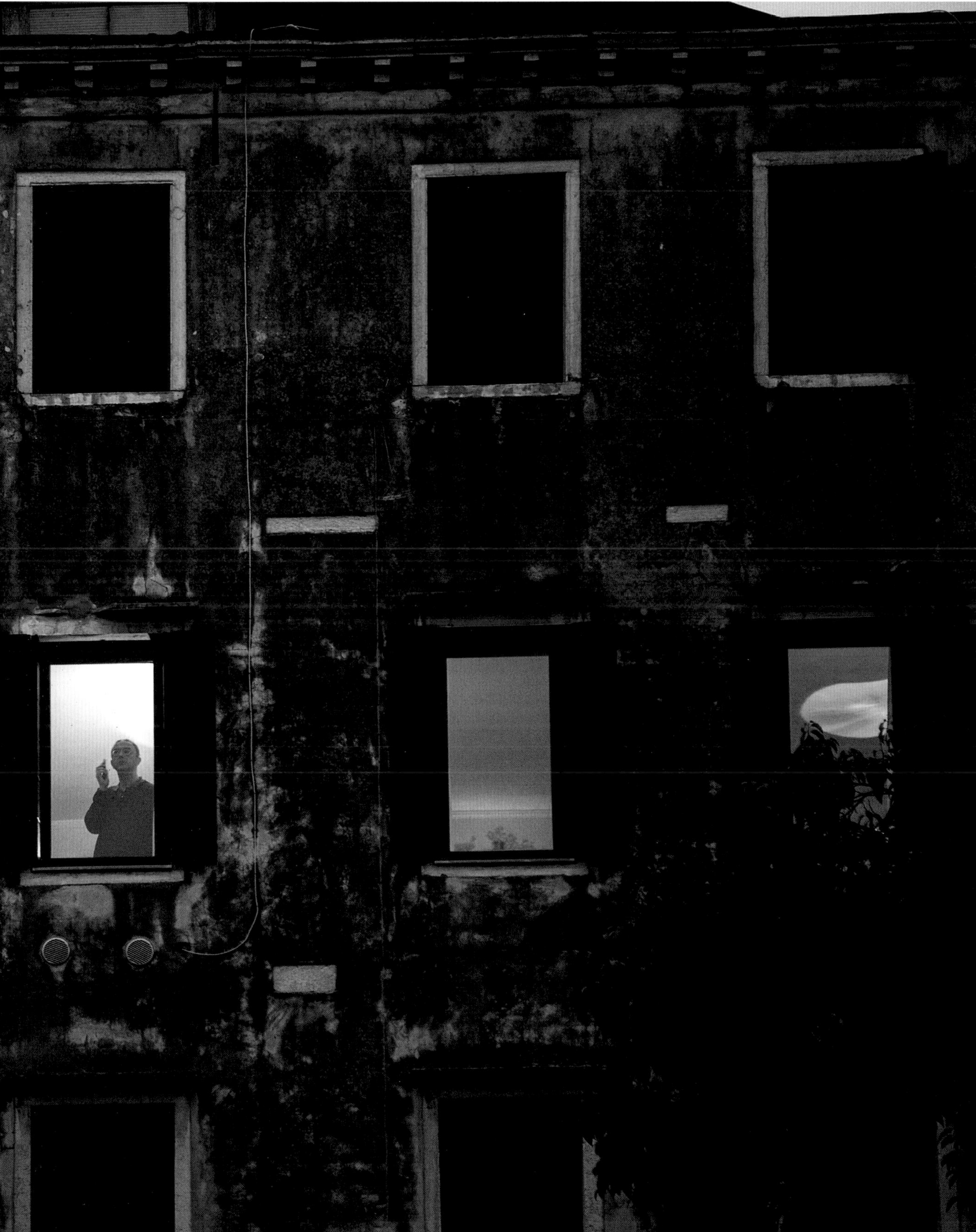

La sera verso il lato
che ospita la sinagoga Italiana
**An evening view of the side
on which the Italian Synagogue
is located**

alle pagine successive
Cena di Shabbat nella sede
del gruppo Chabad-Lubavitch
following pages
**Shabbat supper at the seat
of the Chabad-Lubavitch movement**

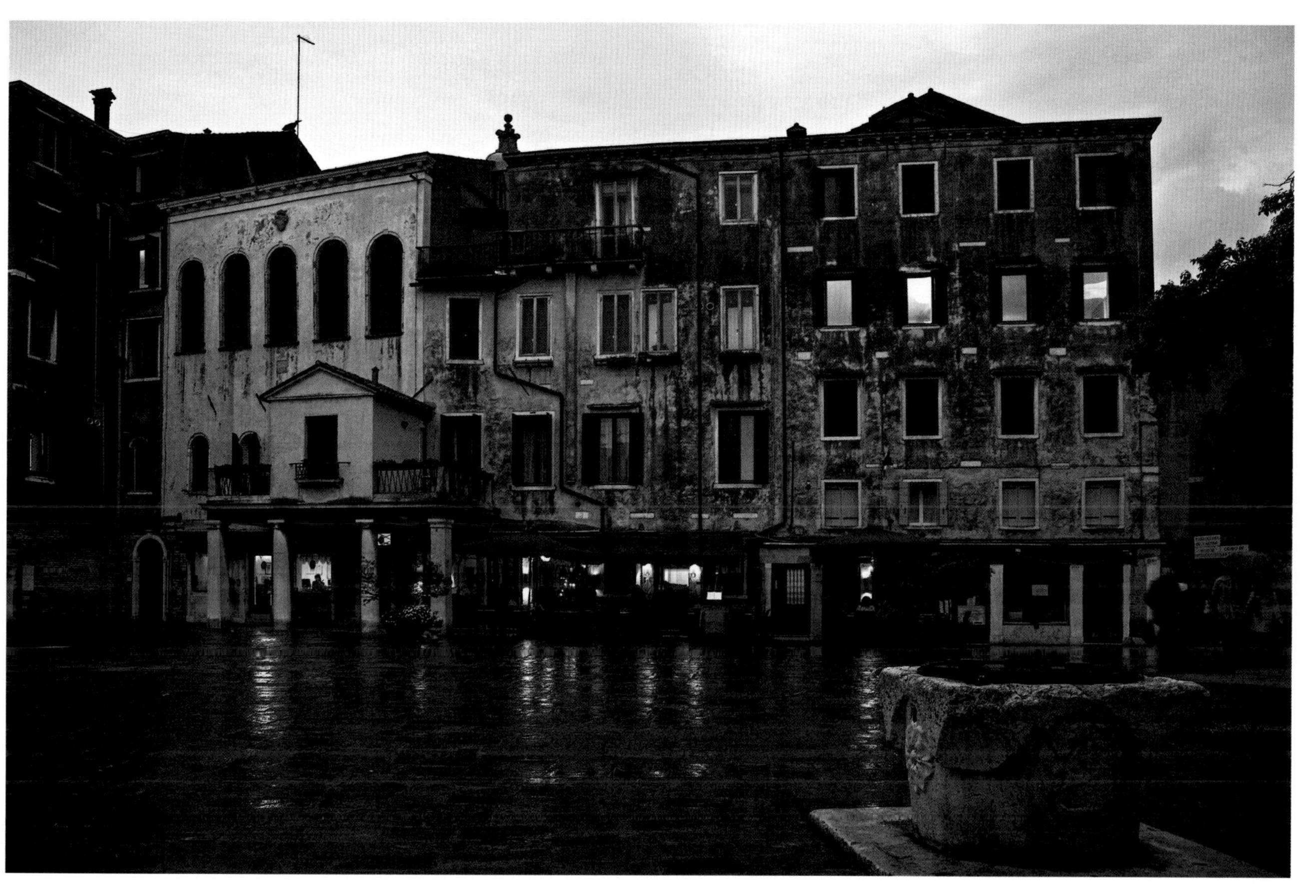

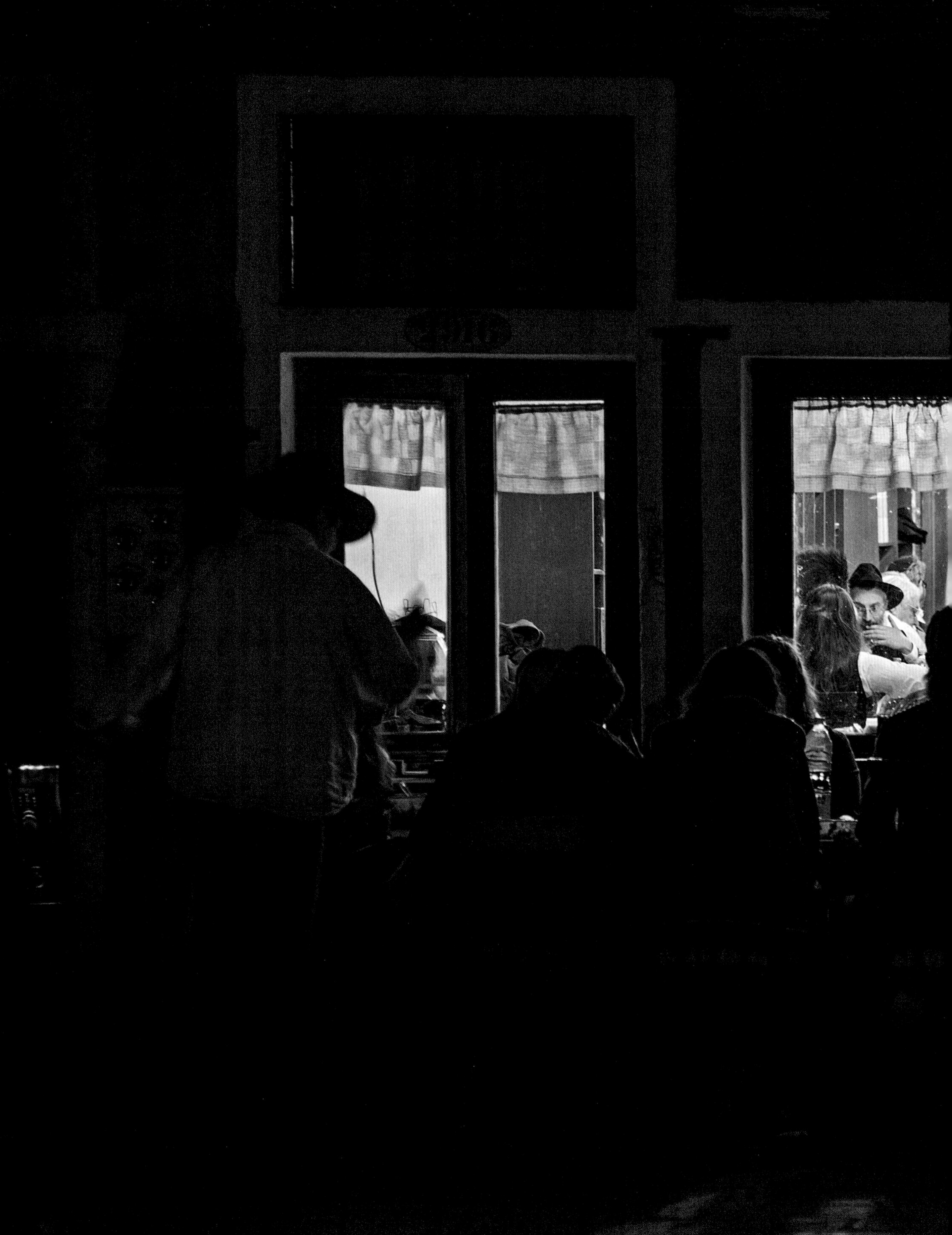

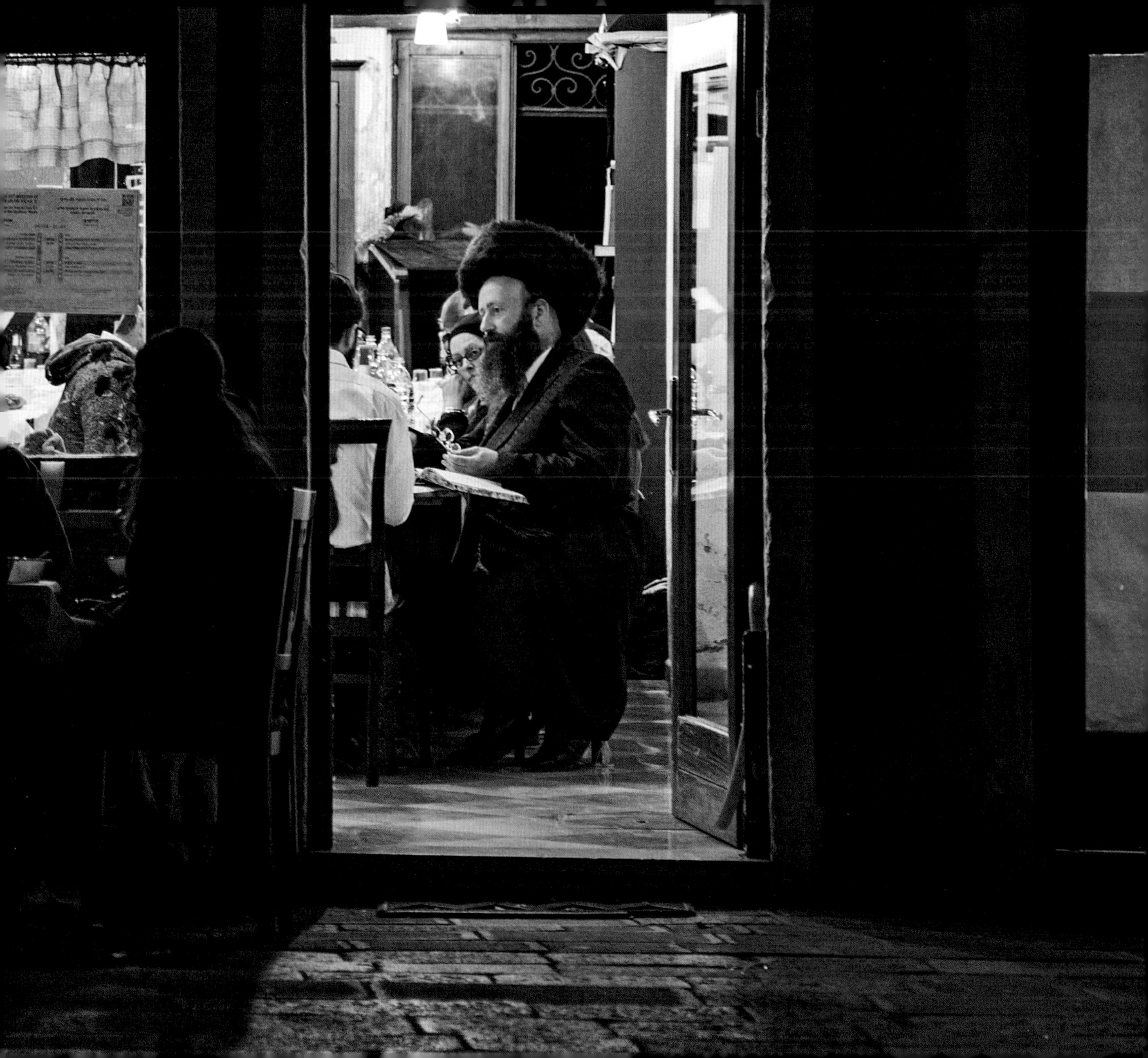

Scena notturna del Ghetto Vecchio
Nighttime scene of the Ghetto Vecchio

alle pagine successive
La muraglia delle costruzioni
del Ghetto Nuovo vista
dal Ghetto Nuovissimo
following pages
**The wall of constructions
of the Ghetto Nuovo viewed
from the Ghetto Nuovissimo**

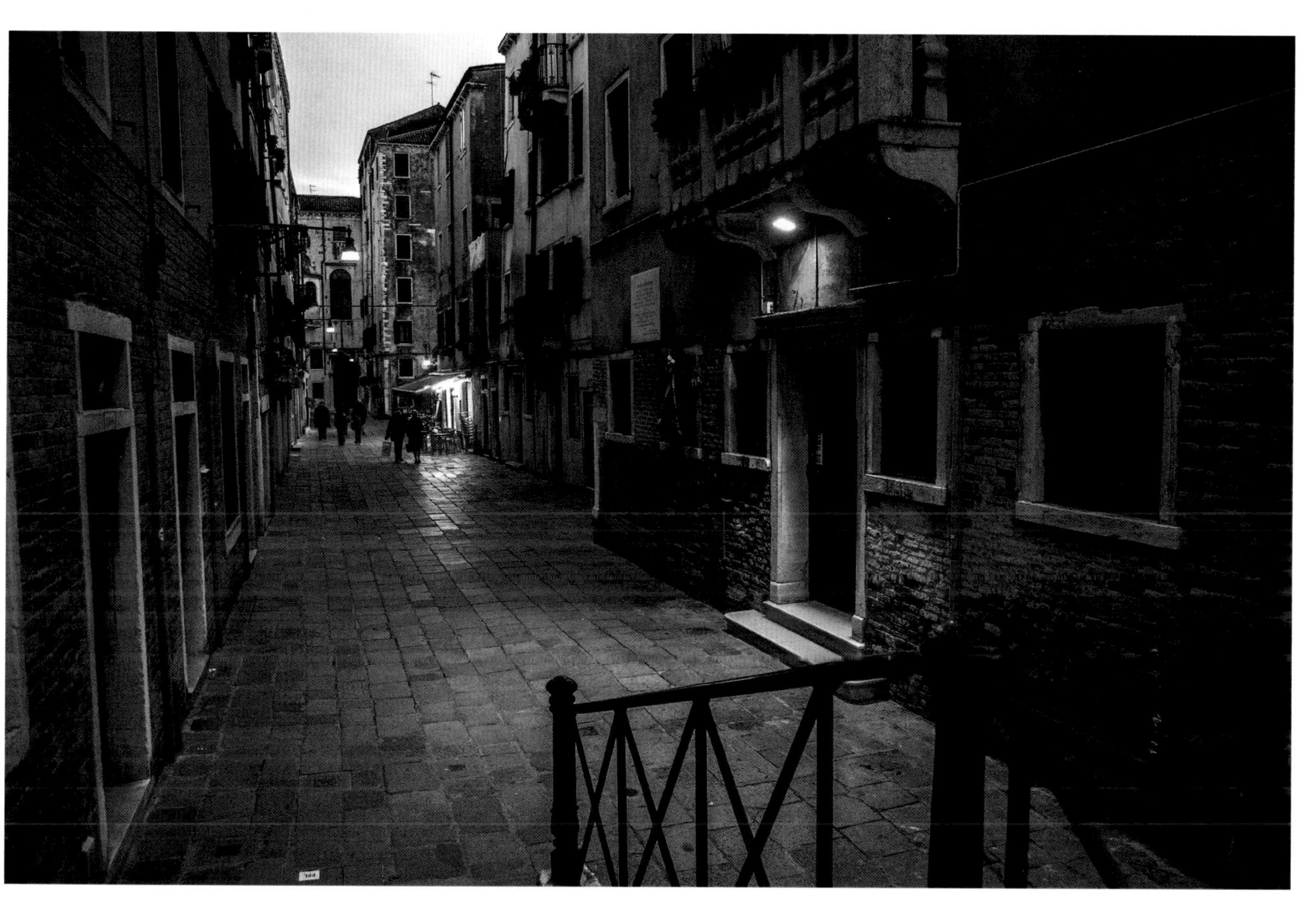

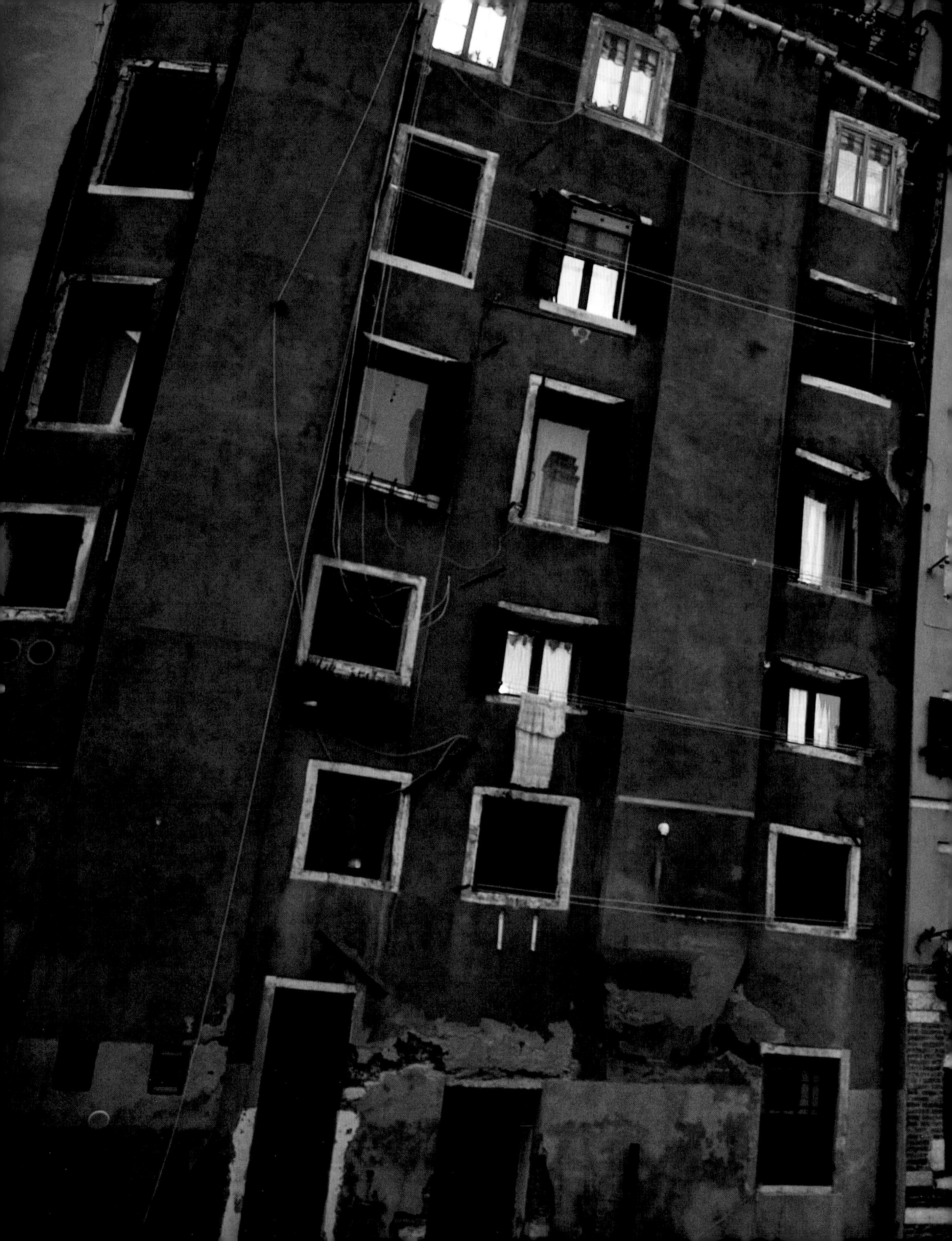

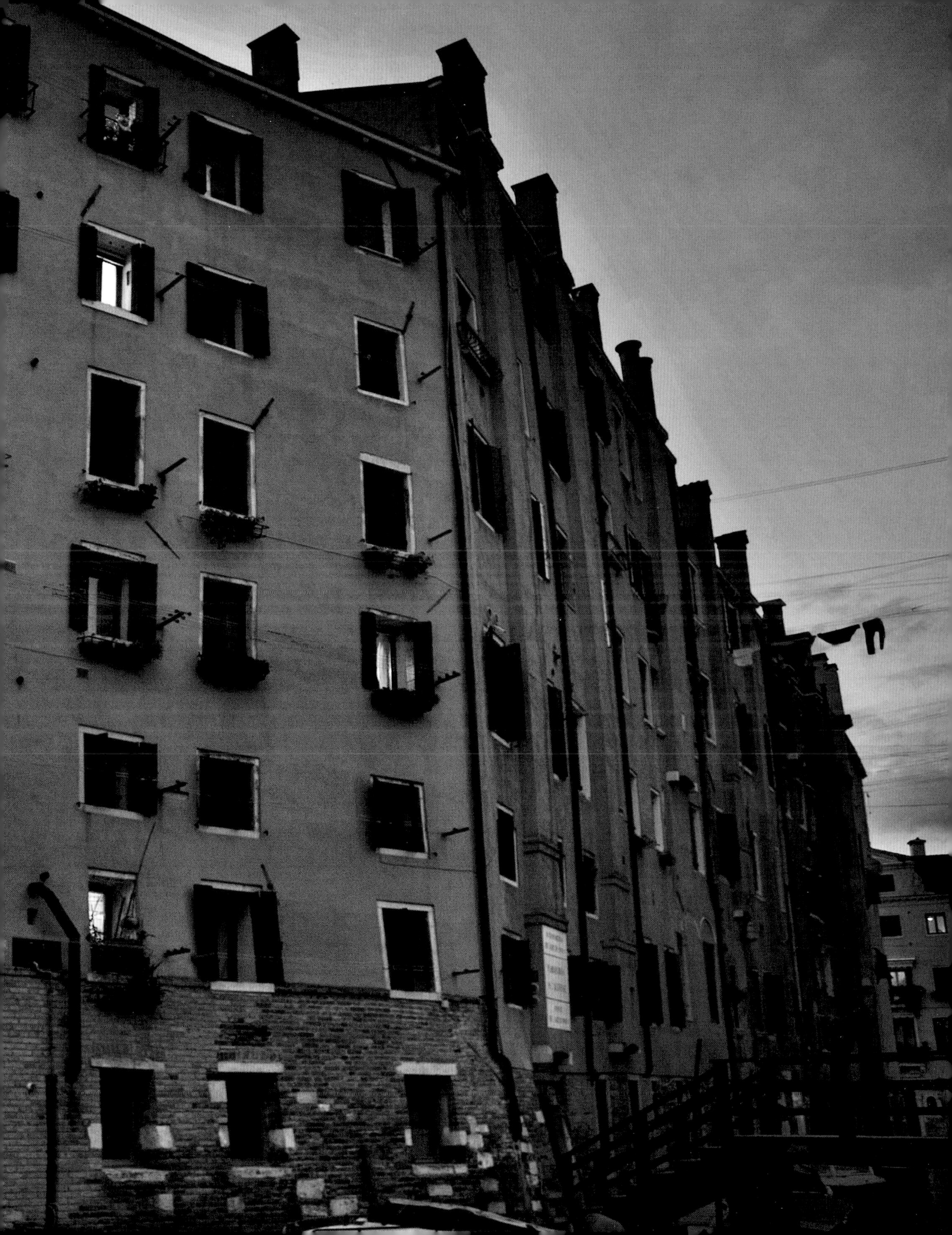

zione. Troppo grande la suggestione, troppo pericolosa la tentazione.

Ho persino cercato alibi per accettare. A Venezia, un posto piccolo, circoscritto: magari le mie gambe ce la possono fare.

La verità è che era scattata la curiosità, la passione che sempre mi hanno spinto in questo mestiere. Non so niente del mondo ebraico, dal quale sempre sono stato attratto. Per i molti amici, tutti affascinanti e complicati. I grandi scrittori, i meravigliosi musicisti, i tanti fantastici fotografi.

E poi, negli ultimi anni non ho fotografato molto, ho soprattutto scritto accanto alle mie fotografie. Ne ho ricavato piacere e soddisfazioni. Ma sono fotografo, so che il mio piccolo sentiero per tentare di essere felice passa soprattutto per quella tensione del corpo, degli occhi, della mente e del cuore che ha bisogno del deambulare con una macchina fotografica in mano, cercando aspettando gli istanti di senso e di forma che qualche rarissima volta rivelano il mondo e me stesso. Ma avevo appena accettato e subito è scattata l'angoscia che dopo cinquant'anni di mestiere conosco così bene e non è mai scomparsa. E se non ce la faccio? Quel posto è un teatro nel quale da mezzo millennio si sono svolte vicende straordinarie e terribili. So che i luoghi non smettono ma

A reportage in Venice's Jewish Ghetto on the occasion of the 500th anniversary of its institution. Too great the fascination, too dangerous the temptation. I even felt I needed to look for excuses to accept the proposal. In Venice, a small place, limited in extent: perhaps my legs would be up to it. The truth is that the idea had piqued my curiosity, which is what has always been my motivation in this profession. I know nothing about the Jewish world, although it has always attracted me. Because of my many friends, all interesting and complicated. The great writers, the wonderful musicians, all those fantastic photographers.

And then in recent years I have not done much photography. Mostly I have been writing things to go with my pictures. This has brought me pleasure and satisfaction. But I am a photographer, so that my own little attempt to be happy involves above all that tension of the body, the eyes, the mind and the heart which can only be relieved by walking around with a camera in my hand, seeking, waiting for those instants of meaning and glimpses of form that on very rare occasions reveal the world and myself. But as soon as I accepted the assignment I fell prey to the anxiety I am so familiar with after fifty years in the job and which has never gone away. And if I can't do it? That place is a theate

di raccontare, anche a distanza di secoli. Ma se io non riuscissi a sentire quelle voci, a vedere nella casuale complessità e contraddittorietà dell'oggi le immagini che contengono una qualche traccia di quella storia così densa?

Da un pezzo ho però imparato che l'unica risposta all'angoscia dell'inadeguatezza è l'umiltà del lavoro, la tenacia, l'attenzione costante. Confonderti col luogo, con le persone e continuare, ora dopo ora, giorno dopo giorno, a raccogliere sassolini con cui costruire la tua casa. Invocando la fortuna.

Mentre mi ponevo il problema se scrivere o meno questa breve postilla stavo leggendo un libro di interviste a Iosif Brodskij, tra i poeti contemporanei che più ho amato, ebreo anche lui, anche se non aveva l'aria di tenerci molto a questa etichetta, come alle altre. Un rimpianto, anche, per me, per un incontro mancato, programmato, poco tempo prima che morisse, con il suo amico Michail Baryšnikov. Libro illuminante e irritante, come tutte le interviste di Brodskji.

Vi ho trovato questa frase: «D'altra parte, quanto maggiore è la difficoltà, tanto maggiore è la gloria in caso di successo. Spesso non funziona, e l'afflizione è grande. Ma il disagio fa parte dell'impresa, cui, a dire il vero, non ci si accinge mai per divertimento. Il divertimento viene alla fine, quando riusciamo nel compito».

such places never stop telling stories, even after centuries have passed. But if I were unable to hear those voices, to see in the incidental complexity and contradictory character of the present day the images that contain a trace of that eventful history?

For some time now, however, I have learned that the only answer to this sense of inadequacy is the humility of work, tenacity, constant focus. Sinking into the place, mingling with the people and continuing, hour after hour, day after day, to collect pebbles with which to build your house. Hoping for luck.

While pondering over whether to write this brief comment or not I was reading a book of interviews with Joseph Brodsky, one of my favorite contemporary poets and Jewish himself, even though he did not appear to care much for this label, or for any other. A regret too, for me, over a meeting that never took place, planned just a short time before he died, with his friend Michail Baryshnikov. An illuminating and irritating book, as are all of Brodsky's interviews.

In it I found this statement: "On the other hand, the greater the difficulty, the more the glory in surmounting it. Often things don't work out, and the distress is great. But hardship is part of the enterprise, on which, to tell the truth, you never venture for pleasure. The pleasure comes at the end, when we succeed in the task."

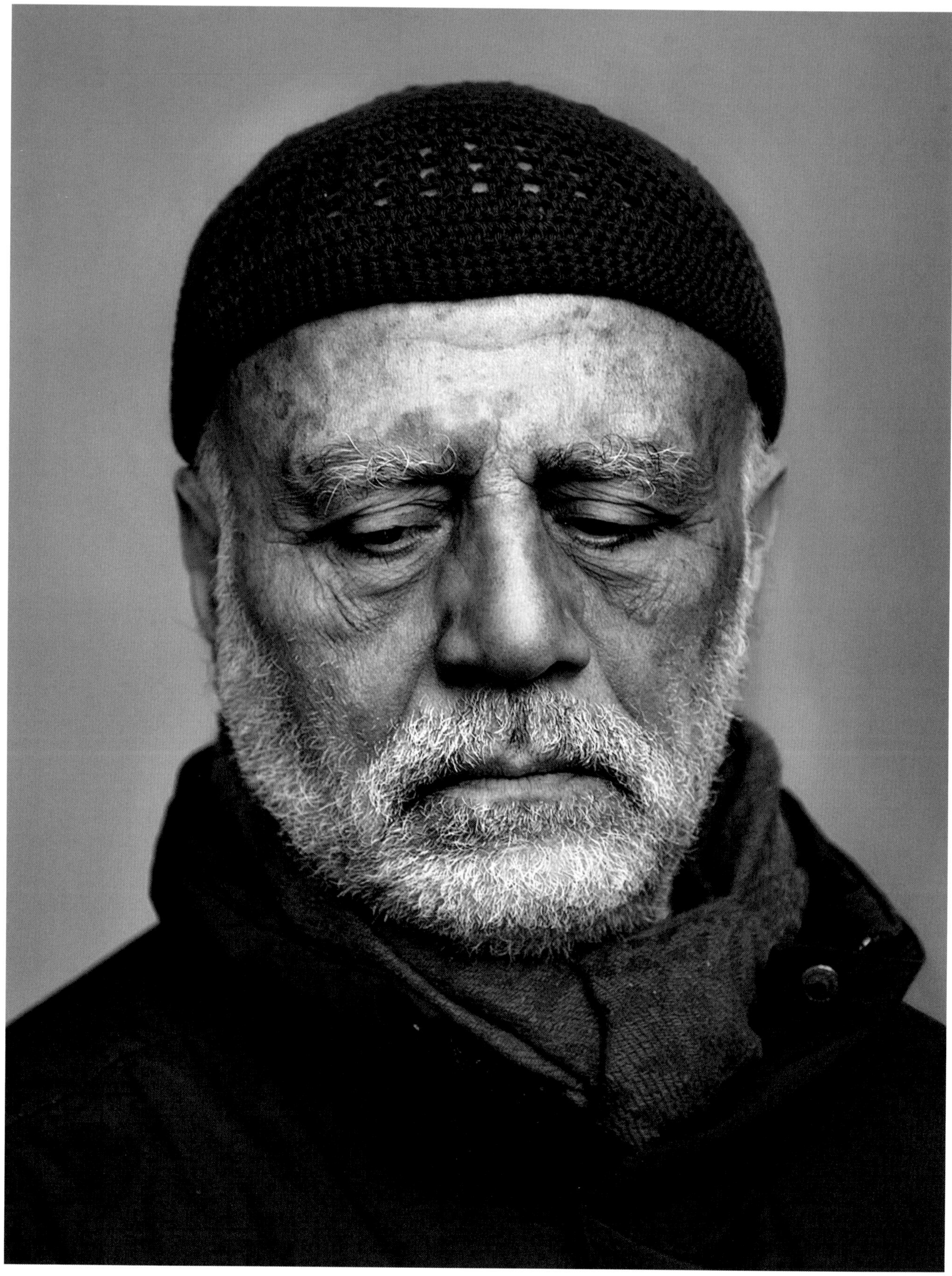

Nota biografica
Biography

Ferdinando Scianna è uno dei più noti fotografi italiani. Nato a Bagheria il 4 luglio 1943, ha iniziato negli anni sessanta raccontando per immagini la cultura e le tradizioni della sua regione d'origine. Il lungo percorso artistico del fotografo si snoda attraverso tematiche quali la guerra, frammenti di viaggio, esperienze mistiche, religiosità popolare, legati da un unico filo conduttore: la costante ricerca di una forma nel caos della vita. Iscrittosi inizialmente alla Facoltà di Lettere e Filosofia presso l'Università di Palermo, non porta a termine gli studi per dedicarsi alla passione fotografica. Nel 1963 Leonardo Sciascia visita quasi per caso la sua prima mostra fotografica, che ha per tema le feste popolari, presso il circolo culturale di Bagheria. Tra i due nasce una profonda amicizia determinante per la carriera del giovane fotografo, dandogli la possibilità di accedere al mondo dell'editoria e ottenere la pubblicazione dei lavori fotografici. Sciascia partecipa, infatti, con prefazione e testi alla stesura del suo primo libro, *Feste religiose in Sicilia*, che riceve una menzione al premio Nadar nel 1966. Scianna si trasferisce a Milano nel 1967 e inizia a collaborare come fotoreporter e inviato speciale con «L'Europeo», diventandone in seguito il corrispondente da Parigi. Nel 1977 pubblica in Francia *Les Siciliens*, con testi di Dominique Fernandez e Leonardo Sciascia, e in Italia *La villa dei mostri* (introduzione di Leonardo Sciascia). A Parigi Incontra Henri Cartier-Bresson le cui opere lo avevano influenzato fin dalla gioventù. Il grande fotografo lo introduce, come primo italiano, nell'agenzia Magnum, di cui diventerà socio a tutti gli effetti nel 1989. Nel frattempo stringe amicizia e collabora con vari scrittori di successo. Negli anni ottanta lavora anche nell'alta moda e in pubblicità, affermandosi come uno dei fotografi più richiesti. Fornisce un contributo essenziale al successo delle campagne di Dolce & Gabbana della seconda metà degli anni ottanta. Il fotografo siciliano interpreta con il bianco e nero della sua pellicola la realtà, restituendo immagini di un mondo che vive oltre il dualismo dei contrasti. Lo sguardo di Scianna coglie sfumature e complessità. Il suo stile vive dello straordinario intreccio di tensione drammatica, visceralità, ironia e partecipazione. Le fotografie di Scianna trovano la loro dimensione nel racconto, nel narrare attraverso le immagini. Sono la testimonianza visiva di un mondo sconosciuto, popolare e parallelo. La sua indagine fotografica compie una ricerca sull'identità, individuale e collettiva, che si risolve nella scoperta del senso di appartenenza a una tradizione, senza rinunciare a uno sguardo critico. Scianna trova un linguaggio in grado di raccontare una Sicilia che sta velocemente cambiando e sparendo. Appropriatosi del sentimento di amore-odio, che il cuore di ogni vero siciliano ha ben presente, ritrae l'amore, il senso di sicurezza, ma anche l'insofferenza nei confronti dell'immutabilità e delle ingiustizie sociali. Le sue immagini non dimostrano, ma mostrano il "teatro dell'esistenza" attraverso il fluire e il fluttuare dei destini e della storia di cui ognuno è partecipe.

Ferdinando Scianna is one of the best-known photographers in Italy. Born in Bagheria on July 4, 1943, he started work in the sixties, recounting the culture and traditions of the region of his birth in pictures. Over the course of his long career the Sicilian photographer has tackled themes like war, travel, mystical experiences and popular religion, all linked by a single guiding thread: the constant search for form amidst the chaos of life. Initially enrolling in the Arts and Philosophy Department at the University of Palermo, he chose not to complete his studies in order to devote himself to his passion for photography. In 1963 the writer Leonardo Sciascia visited almost by chance his first exhibition of photographs, on the theme of folk festivals, at the cultural association of Bagheria. The two men formed a close friendship that proved decisive in giving a boost to the career of the young photographer, gaining him an entry into the world of publishing and a means of presenting his works to the public. In fact Sciascia wrote a foreword and other texts for his first book, *Feste religiose in Sicilia*, for which he received a mention at the Prix Nadar in 1966. Ferdinando Scianna moved to Milan in 1967 and stated to work for *L'Europeo* as a photojournalist and special correspondent, going on to become the weekly's correspondent in Paris. In 1977 he published *Les Siciliens* in France (Denoël), with texts by Dominique Fernandez and Leonardo Sciascia, and *La villa dei mostri* in Italy (introduction by Leonardo Sciascia). In Paris he met Henri Cartier-Bresson, whose work had influenced him since his youth. The great photographer nominated him as the first Italian member of the prestigious agency Magnum, and he went on to become a full member in 1989. In the meantime he made friends and collaborated with various successful writers. In the eighties he also worked in the world of high fashion and advertising, becoming one of the photographers most in demand. He made an essential contribution to the success of the Dolce & Gabbana campaigns in the second half of the eighties. The Sicilian artist's interpretation of reality uses black-and-white film as its vehicle, producing images of a world that exists beyond the dualism of contrasts. Scianna's gaze catches shades and complexities. His style is rooted in an extraordinary blend of dramatic tension, visceral quality, irony and sympathy. Scianna's photographs explore the dimension of narrative, telling stories through pictures. They are a visual account of an unfamiliar, popular and parallel world. His work is an investigation of individual and collective identity that leads to the discovery of a sense of belonging to a tradition, without renouncing an element of criticism. Scianna has found a language that is able to describe a Sicily which is rapidly changing and vanishing. Making the mixture of love and hatred that lies deep in the heart of any true Sicilian his own, he conveys his affection for the island, the sense of safety that it gives him, but also his intolerance of the immutability of its customs and its social injustices. His pictures are not demonstrative, but show us the "theater of existence" through the ebb and flow of people's destinies and the story in which each of them plays a part.

Bibliografia essenziale
Selected bibliography

Ferdinando Scianna, Leonardo Sciascia, *Feste religiose in Sicilia*, Leonardo da Vinci, Bari 1965

Ferdinando Scianna, con un testo di Annabella Rossi, *Il Glorioso Alberto*, Editphoto, Milano 1971

Ferdinando Scianna, *Palermo Liberty*, Salvatore Sciascia Editore, Caltanissetta 1971

Ferdinando Scianna, con testi di Dominique Fernandez e Leonardo Sciascia, *Les Siciliens*, Denoël, Paris 1977

Ferdinando Scianna, *I siciliani*, Einaudi, Torino 1977

Ferdinando Scianna, con un testo di Leonardo Sciascia, *La villa dei mostri*, Einaudi, Torino, 1977

Ferdinando Scianna, *Progresso Fotografico*, P.F., Milano 1980

Ferdinando Scianna, *Scianna*, catalogo della mostra, Comune di Bagheria 1981,

Ferdinando Scianna, con testi di Leonardo Sciascia e Aldo Santini, *Ferdinando Scianna*, Gruppo Editoriale Fabbri, Milano 1983

Ferdinando Scianna, con un testo di Leonardo Sciascia, *Il grande libro della Sicilia*, Mondadori, Milano 1984

Ferdinando Scianna, *La Rosa d'oro*, Edizioni Novecento, Palermo 1985

Ferdinando Scianna, con un testo di Aldo Santini, *Livorno*, Belforte, Livorno 1986

Ferdinando Scianna, Leonardo Sciascia, *Feste religiose in Sicilia*, L'immagine, Milano 1987

Ferdinando Scianna, *L'istante e la forma*, Ediprint, Siracusa 1987

Ferdinando Scianna, *Catalogo Dolce & Gabbana - Primavera/Estate*, Milano 1987

Ferdinando Scianna, *Catalogo Dolce & Gabbana - Autunno/Inverno*, Milano 1987

Ferdinando Scianna, Leonardo Sciascia, *Ore di Spagna*, Pungitopo, 1988

Ferdinando Scianna, Leonardo Sciascia, *Horas de España*, Tusquets Editores, 1990

Ferdinando Scianna, con un testo di Francesco Gallo, *Città del mondo*, Bompiani, Milano 1988

Ferdinando Scianna, *Ferdinando Scianna*, Kodak, Milano 1988

Ferdinando Scianna, *Kami: minatori sulle Ande boliviane*, L'immagine, Milano 1988

Ferdinando Scianna, Testo di Giuliana Scimè, *La scoperta dell'America*, Centro culturale Pisolini, Agrigento 1988

Ferdinando Scianna, *Manon Roland, une femme dans la revolution*, Photoromance, Lezard International, Paris 1988

Ferdinando Scianna, *Le forme del caos*, Art'&, Udine 1989

Ferdinando Scianna, *Leonardo Sciascia fotografato da Ferdinando Scianna*, Sciardelli, Milano 1989

Ferdinando Scianna, Giancarlo Cazzaniga, *Va pensiero… a Virginia*, Paolo Cattaneo, Como 1989

Ferdinando Scianna, *Maglia*, Sciardelli editore, Milano 1989

Ferdinando Scianna, *Catalogo Allegri a Praga*, Studio Falanga, Milano 1991

Ferdinando Scianna, *In Ireland, Connemara*, Yamamoto, Paris 1993

Ferdinando Scianna, *Marpessa, un racconto*, Leonardo, Milano, 1993

Ferdinando Scianna, *Marpessa, un récit*, Contrejour, Paris 1993

Ferdinando Scianna, *Amica95 (calendario)*, Rizzoli, Milano 1994

Ferdinando Scianna, *In Spain, Andalusia*, Yamamoto, Paris 1994

Ferdinando Scianna, *Altrove, reportage di moda*, Motta, Milano 1995

Ferdinando Scianna, con un testo di Domenico D'Oria, *Le forme del caos*, Comune di Bari 1996

Ferdinando Scianna, *Viaggio a Lourdes*, Mondadori, Leonardo Arte Srl, Milano 1996

Ferdinando Scianna, *Dormire forse Sognare*, Art'&, Udine 1997

Ferdinando Scianna, *To sleep, perchance to dream*, Phaidon, London 1997

Ferdinando Scianna, *Bestie*, Sciardelli, Milano 1998

Ferdinando Scianna, Federico Campbell, *Inventario del sueno*, La Jornada, Mexico 1999

Ferdinando Scianna, Harry Gruyaert, Gueorgui Pinkhassov, Alex Webb, *Sardegna*, Motta, 1999

Ferdinando Scianna, *Jorge Luis Borges fotografato da Ferdinando Scianna*, Sciardelli, Milano 1999

Ferdinando Scianna, *Las Formas del Caos*, Contrasto, Roma 2000

Ferdinando Scianna, *Altre forme del caos*, Contrasto, Roma 2000

Ferdinando Scianna, *Bravo Scianna*, Bravo, New York 2000

Ferdinando Scianna, con un testo di Roberto Leydi, *Ignazio Buttitta*, Sciardelli, Milano 2000

Ferdinando Scianna, Testo di Jesùs Garrido, *Niños del mundo*, Domus, La Coruna 2000

Ferdinando Scianna e Leonardo Sciascia, *Ore di Spagna*, Bompiani, Milano 2000

Ferdinando Scianna, Dario Voltolini, *Velasco, In solitudine*, catalogo della mostra (Milano, 4 ottobre-11 novembre 2000), Charta, 2000

Ferdinando Scianna, *Obiettivo Ambiguo, Testi sulla fotografia e i fotografi*, Rizzoli, Milano 2001

Ferdinando Scianna, con testi di Dacia Maraini, *Sicilia ricordata*, Rizzoli, Milano 2001

Ferdinando Scianna, *Specchio delle mie brame, Cartella di 9 fotografie originali firmate*, Milano 2001

Ferdinando Scianna, *Il grande quadro, storia di una mostra*, Tabanelli, Milano 2002

Ferdinando Scianna, *Mondo Bambino*, Arte a Stampa, Milano 2002

Ferdinando Scianna, *Quelli di Bagheria*, Galleria Gottardo, Lugano 2002

Ferdinando Scianna, *Quelli di Bagheria*, Peliti Associati, Roma 2003

Ferdinando Scianna, *Siciliana*, L'Ippocampo, Milano 2003

Ferdinando Scianna, *Bibliografia dell'istante - Bibliography of the instant*, L'Ancora del Mediterraneo, Napoli 2003

Ferdinando Scianna, *Fotografie 1963-2006*, Fondazione Ragghianti, Lucca 2006

Specchio delle mie brame, Sciardelli, Milano 2006

La luce fiorisce e si rappiglia, Colophonarte, Belluno 2006

Ferdinando Scianna, *Photopoche, actes sud*, Paris, Contrasto, Milano 2009

Ferdinando Scianna, Mimmo Paladino, *Ombre*, Editalia, Roma 2008

Ferdinando Scianna, *La Geometria e la Passione*, Contrasto, Milano 2009

Ferdinando Scianna, Giuseppe Tornatore, *Baaria, Bagheria, dialogo sulla memoria, il cinema, la fotografia*, Contrasto, Milano 2009

Ferdinando Scianna: Etica e fotogiornalismo, Electa, Milano 2010

Ferdinando Scianna, *Autoritratto di un fotografo*, Bruno Mondadori, Milano, 2011

Ferdinando Scianna, I Classici della fotografia, National Geographic, Roma 2013

Ferdinando Scianna, *Ti mangio con gli occhi*, Contrasto, Roma 2013

Ferdinando Scianna, *Visti & Scritti*, Contrasto, Roma, 2014

Ferdinando Scianna, *Lettori*, Henry Beyle, Milano 2015

Ferdinando Scianna, *Obiettivo Ambiguo*, Contrasto, Roma 2016

Ferdinando Scianna, *In gioco*, Contrasto, Roma, 2016

Leonardo Sciascia, Ferdinando Scianna, *Ore di Spagna*, Contrasto, Roma 2016

traduzione | translation
Huw Evans

per le fotografie | photographs
© 2016 Ferdinando Scianna, published
by arrangement with The Italian Literary
Agency srl, Milano, Italia

© 2016
by Marsilio Editori® spa in Venezia
prima edizione | first edition
agosto | August 2016
isbn 978-88-317-2477-7

www.marsilioeditori.it

fotolito e stampa | repro and print
Grafiche Antiga s.p.a.,
Crocetta del Montello (TV)
per conto di | for
Marsilio Editori® s.p.a in Venezia

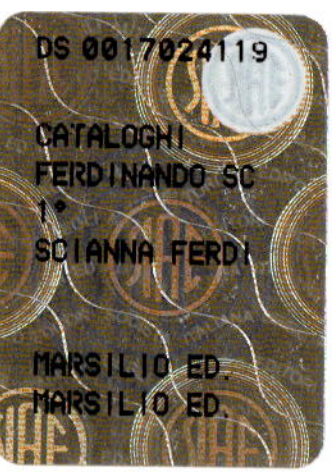